运动健康天天学

Better exercise, better life

陈佩杰　主审
王雪强　主编

河南科学技术出版社
· 郑州 ·

图书在版编目（CIP）数据

运动健康天天学 / 王雪强主编 . —郑州 : 河南科学技术出版社 , 2022.12
ISBN 978-7-5725-0674-1

I. ①运… II. ①王… III. ①运动保健—基本知识 IV. ① G804.3

中国版本图书馆 CIP 数据核字 (2022) 第 149307 号

出版发行：河南科学技术出版社
地　　址：郑州市郑东新区祥盛街 27 号　邮编：450016
电　　话：（0371）65788048　65788629
网　　址：www.hnstp.cn
责任编辑：李　林
责任校对：崔春娟
整体设计：张　伟
责任印制：朱　飞
印　　刷：河南博雅彩印有限公司
经　　销：全国新华书店
开　　本：890 mm × 1240 mm　1/32　印张：23.75　字数：158 千字
版　　次：2022 年 12 月第 1 版　2022 年 12 月第 1 次印刷
定　　价：198 .00 元

本书编委会

主　审　陈佩杰

主　编　王雪强

副主编　张志杰　朱　毅　刘春龙

参编人员（按姓氏笔画排序）

马　圆　王　瑞　王一祖　王雨晨　王明文　王婧婧　王燕珍
卢琳倩　白荣闯　冯　彦　邢　渠　朱　强　朱立维　朱荟奇
朱洁莹　刘冲冲　刘晓晨　闫旺旺　江　雪　孙明雨　苏　璇
杜书豪　李　迪　李　欣　李莎莎　李紫薇　杨　正　杨其昊
杨景朝　吴　豹　吴呈呈　何　凯　汪　娟　宋　歌　张　娟
张永会　张宇轩　陈天聪　陈雨梦　陈炳霖　罗　敬　周　雪
郑依莉　郑康勇　单友伟　赵建龙　胡　可　胡正宇　胡浩宇
姜　影　倪鹏鹏　徐　娇　徐长明　徐浩然　翁琳曼　高娇娇
郭佳宝　黄淋霞　龚　迪　常田田　彭梦思　董煜琳　温玉容
熊环煜　潘文贵　魏江曼

1月

1

想要锻炼，何时开始都不算晚

无论何时开始锻炼都可以从中获益，即使年纪大了才开始，也有助于延缓虚弱和肌无力。长期坚持锻炼是实现健康的最佳方法。

体重 睡眠 饮食 锻炼 心率 血压

运动日记

1月

2

锻炼

锻炼是指有目的的健身或为改善健康状况而可能做的事情，它有明确的目标和意图。例如，去跑步或去健身房。

体重 睡眠 饮食 锻炼 心率 血压

运动日记

1月

3

体力活动

体力活动是指将身体运动作为过程而非目标。例如，步行上班、做园艺或做家务。

体重 睡眠 饮食 锻炼 心率 血压

运动日记

1月

4

活动

活动从字面上讲，是指任何涉及肌肉骨骼系统的身体移动，可能只是在用电脑或看电视时进行规律的动作，或者在家附近走动、爬楼梯，又或者只是不“久坐”。

体重 睡眠 饮食 锻炼 心率 血压

运动日记

1月

5

助力跑完马拉松的关键找到了

科学家发现，增强运动耐力的核心是一种免疫因子——白介素-13。它可以调节骨骼肌的线粒体和能量代谢，增强运动耐力。补充白介素-13能够产生类似锻炼的效果。

体重 睡眠 饮食 锻炼 心率 血压

运动日记

1月

6

为了健康，在运动时请摘下口罩

研究发现，锻炼时佩戴口罩会增加患高碳酸血症性缺氧的风险。高碳酸血症性缺氧会导致心脏超负荷、无氧代谢和肾脏超负荷，这可能会加重已有的慢性疾病的潜在病理。

体重 睡眠 饮食 锻炼 心率 血压

运动日记

1月

7

老年人也应进行体育运动

研究表明，体育运动在促进免疫系统调节、延迟免疫功能障碍、减少循环炎症标志物和预防肌肉减少症方面起着关键作用，因此老年人也应进行体育运动。

体重 睡眠 饮食 锻炼 心率 血压

运动日记

1月

8

您有运动恐惧回避心理吗

有研究显示，较低的健康水平、轮班工作易导致运动恐惧回避心理，从而使运动依从性较差。而坚持锻炼则会降低运动恐惧回避心理，提高运动依从性。

体重 睡眠 饮食 锻炼 心率 血压

运动日记

1月

9

运动时要听音乐吗

一项系统评价指出，心脏病患者在运动过程中收听已录制好的音乐有诸多好处，如能够提高运动依从性、改善情绪、维持身体活力、提高认知功能等。

体重 睡眠 饮食 锻炼 心率 血压

运动日记

1月

10

运动时增加视听刺激可改善疲劳程度，增加锻炼时间

研究表明，整个锻炼过程中，视听刺激有助于转移与疲劳相关的注意力，防止负面情感反应，增加锻炼的时间。

体重 睡眠 饮食 锻炼 心率 血压

运动日记

1月

11

运动后怎样拉伸最有效

运动后宜立即进行静态拉伸，拉伸强度以自我感觉目标肌群紧绷但不疼痛为标准，每次拉伸时间应保持 10~30 秒，可利用泡沫轴等进行辅助放松。

体重 睡眠 饮食 锻炼 心率 血压

运动日记

1月

12

空腹运动不可取

在运动过程中不习惯摄入液体和食物的运动员与习惯摄入液体和食物的运动员相比，出现胃肠道不适症状的概率要高2倍。

体重 睡眠 饮食 锻炼 心率 血压

运动日记

1月

13

运动时怎样喝水

运动过程中很多人会大口喝水，但实际上，运动时出汗会消耗盐分。喝水补充了水分，却稀释了盐分，盐分比重下降会导致机体排尿、排汗增多，反而会出现“越喝越渴”的情况，更会加重身体的疲劳程度。所以建议采用小口多次的喝水方法。

体重 睡眠 饮食 锻炼 心率 血压

运动日记

1月

14

运动前后的营养

运动前 30 分钟：要补充适量糖分，为训练提供足够的能量。如果空腹进行力量训练，肌肉里糖分储备不足，身体势必会分解肌蛋白来维持功能，结果得不偿失。

运动后 1 小时：这个时候是身体能量需求的高峰。要选择消化吸收速度快、不增加胃肠道负担的饮食。

体重 睡眠 饮食 锻炼 心率 血压

运动日记

1月

15

运动后，要及时补充矿物质

将运动与补充钙和磷等矿物质的饮食相结合，可以比单独运动产生更大的骨量，增强结构强度。

体重 睡眠 饮食 锻炼 心率 血压

运动日记

1月

16

运动后喝牛奶可能是一个更健康的选择

研究表明，脱脂牛奶作为一种运动后的恢复饮料优于高糖的运动饮料，可用于降低餐后血糖和增加餐后脂肪氧化，并可能增加第二天早上高能量早餐后的脂肪氧化。

体重 ________ 睡眠 ________ 饮食 ________ 锻炼 ________ 心率 ________ 血压 ________

运动日记

1月

17

运动后出现胃肠道症状怎么办

肠道屏障的完整性可能在长时间的剧烈运动后损伤，使运动者出现胃肠道症状，如痉挛、腹泻、恶心和出血。牛初乳因其富含免疫球蛋白、抗菌肽和其他生物活性分子，对剧烈运动后的胃肠道症状有改善作用。

体重 睡眠 饮食 锻炼 心率 血压

运动日记

1月

18

这些运动很伤膝盖

1 暴走。

2 久坐不动。

3 深蹲。

体重 睡眠 饮食 锻炼 心率 血压

运动日记

1月

19

运动时怎么保护膝关节

缺乏或过度运动对膝关节都是有害的。我们可以通过以下几点保护膝关节：①超重或肥胖者适当减重，选择膝关节较少负重的运动，如游泳。②日常和运动时选择平底且稳定灵活的鞋子，如运动鞋。③运动前热身，运动后拉伸。④循序渐进，建立一定的运动基础后再进行强度较大的运动。⑤避免深蹲、爬山、长时间蹲及跪的运动。

体重 睡眠 饮食 锻炼 心率 血压

运动日记

1月

20

不要小看日常活动哦

定期锻炼能促进心血管健康，延长寿命。对老年人而言，日常的非运动性体力活动（如步行等）有和定期锻炼相似的好处，且对活动水平从无到有的老年人益处最大。

体重 睡眠 饮食 锻炼 心率 血压

运动日记

1月

21

先进行力量训练还是先进行有氧运动（一）

做一些轻微的有氧运动，如慢跑或骑自行车，可以让肌肉为力量训练做好准备，还可以增加力量训练需要用到的肌肉的血流量。如果锻炼的主要目标是促进心血管健康，应该从有氧运动开始。同理，如果目标是增强力量，应该优先进行力量训练。

体重 睡眠 饮食 锻炼 心率 血压

运动日记

1月

22

先进行力量训练还是先进行有氧运动（二）

要注意，在做有氧运动之前进行一天的力量训练可能会使肌肉疲劳，导致在做有氧运动时失去正确的身体形态，增加受伤风险。

体重 睡眠 饮食 锻炼 心率 血压

运动日记

1月

23

适合的运动方式才是最好的

选择适合您的运动，可针对性地改善炎症性肠病，建议运动较少的人选择游泳、散步和简单的健身房运动，而经常运动的人则可增加运动强度，如进行5~10公里的跑步。

体重 睡眠 饮食 锻炼 心率 血压

运动日记

1月

24

抗阻运动和拉伸运动

抗阻运动是肌肉在克服外来阻力时进行的主动运动，阻力借助器械（如哑铃、沙袋、弹簧、弹力带等）产生，每次运动50分钟左右。拉伸运动可选择5分钟的热身运动和45分钟的低强度拉伸。

体重 睡眠 饮食 锻炼 心率 血压

运动日记

1月

25

每周运动多久合适

每周宜进行 2.5~5 小时中等强度的运动。中等强度的运动可以使每分钟的能量消耗比安静地坐着多 3~6 倍。

体重 睡眠 饮食 锻炼 心率 血压

运动日记

1月

26

如何判断运动强度是否合适（一）

可以根据最大心率（220 – 年龄）判断运动强度是否合适。高强度运动时，心率应控制在最大心率的70%~85%；中等强度运动时，心率应控制在最大心率的60%~70%。

运动日记

1月

27

如何判断运动强度是否合适（二）

也可以根据运动后第二天的身体疲劳度来判断是否运动过量。如果运动后第二天感觉身体比较轻松，没有明显不适症状，说明前一天的运动量较为合适，可继续进行或适量增加强度；如果第二天感到身体有明显酸痛或疲惫，应较前一天减少运动量。

运动日记

1月

28

运用对话区分轻、中、高强度运动

研究发现，对话测试是一种有效且可行的运动强度测试方法。运动中对话很流畅为低强度运动，有呼吸急促、气喘但可以进行对话为中等强度运动，不能完整交流则为高强度运动。

体重 睡眠 饮食 锻炼 心率 血压

运动日记

1月

29

还在万步走？6000步就够啦

步行是一项简单易行的运动。尽管一般流行的观点认为步行目标为每天10 000步，但每天仅需步行6000步即可获益。建议有膝关节炎风险者每天至少步行3000步，并逐步加量至6000步，可有效预防膝关节炎。

体重 睡眠 饮食 锻炼 心率 血压

运动日记

“一劳永逸”的锻炼方式不可取

日常生活中应避免突然剧烈运动和过久耐力运动。剧烈运动常破坏胃肠道屏障，影响小肠的营养吸收，导致运动性胃肠综合征，出现呕吐、腹痛、腹泻等症状，且随着运动强度的加大和时间的延长愈发严重。

运动日记

1月

31

运动也需要适可而止

过高强度或过长时间的运动会出现肠缺血，破坏肠道屏障的完整性，进一步会出现胃肠道不适、代谢能力下降、思维能力和体能减退等一系列的问题。

体重

睡眠

饮食

锻炼

心率

血压

运动日记

2

2月

1

运动开窗期

过大强度急性运动后，免疫系统的某些指标会被抑制一段时间，有学者将这种过大强度运动后免疫功能的抑制期定义为“开窗期”，此期可持续3~72小时不等。在这一特殊时期，机体免疫功能低下，各种细菌、病毒等病原体极易侵入人体并导致疾病发生。

体重 睡眠 饮食 锻炼 心率 血压

运动日记

2月

2

运动量过大易导致上呼吸道感染

研究发现，上呼吸道感染与运动量的增加呈现“J”形曲线关系。过度运动的个体感染上呼吸道疾病的风险大于少运动以及适度运动的人群。

体重 睡眠 饮食 锻炼 心率 血压

运动日记

2月

3

高水平运动员更容易感染上呼吸道疾病

研究发现，在剧烈运动后的数小时内，先天和后天免疫力都会短暂降低。而长时间的剧烈运动、极端环境、生活压力、睡眠中断以及营养缺乏是高水平运动员的训练日常。因此，高水平运动员更加需要注重缓解压力，保证充足的睡眠和营养，以及保暖。

体重 睡眠 饮食 锻炼 心率 血压

运动日记

2月

4

游泳对男女运动员感染风险的影响

研究发现，在增加到最大游泳量时，运动员的免疫反应与性别有关，男性的感染风险低于女性。

体重 睡眠 饮食 锻炼 心率 血压

运动日记

2月

5

短时间内的高强度训练可有效降低感染的风险

研究发现，由于运动后抗原特异性免疫反应，短时间内的高强度训练不会增加机会性感染的风险，反而会降低感染风险。

体重 睡眠 饮食 锻炼 心率 血压

运动日记

2月

6

运动是良医

25% 的结肠癌和乳腺癌，以及 27% 的糖尿病和大约 30% 的缺血性心脏病可能归因于身体活动少，因此良好的运动习惯可预防多种常见癌症和其他慢性病。

体重 睡眠 饮食 锻炼 心率 血压

运动日记

2月

7

体育运动与亚健康

亚健康是指人在身体、心理和社会环境等方面表现出不适应，介于健康与疾病之间的临界状态。体育运动是亚健康向健康转化的重要手段，对预防和改善亚健康有重要的作用。

体重 睡眠 饮食 锻炼 心率 血压

运动日记

2月

8

亚健康状态如何运动

在控制运动模式、饮食和睡眠的情况下，中等强度的运动可以改善胆固醇功能、脂质/脂蛋白谱和健康状况。对于亚健康人群，连续的中等强度运动和高强度运动具有改善以上参数的益处。

体重 睡眠 饮食 锻炼 心率 血压

运动日记

2月

9

规律太极拳锻炼有利于身体健康

研究发现，49 名健康志愿者进行 10 周的规律太极拳锻炼可改善自主神经调节、身体代谢、身体健康状况和提高体力。

体重 睡眠 饮食 锻炼 心率 血压

运动日记

2月

10

运动可改善长期卧床人群的免疫力

研究发现，运动有望成为改善长期卧床患者免疫力的有效手段，并可能有助于预防吸入性肺炎和促进自发性康复。

体重 睡眠 饮食 锻炼 心率 血压

运动日记

2月

11

经常进行中等强度锻炼可提高免疫力

研究表明，健康女性每周进行 3 次 60 分钟中等强度的跑步，每次间隔 24 小时，可提高免疫力，炎症会部分减弱。

体重 睡眠 饮食 锻炼 心率 血压

运动日记

2月

12

高强度间歇训练有助于增强免疫力

在一项研究中，8 名健康男性受试者参与了高强度间歇训练和中等强度连续运动。研究发现，与中等强度连续运动相比，高强度间歇训练期间中性粒细胞介导的先天免疫应答可被激活，也就是说可增强免疫力。

体重 睡眠 饮食 锻炼 心率 血压

运动日记

2月

13

高强度的耐力训练有助于提高免疫力

研究发现，高强度的耐力训练可以长期诱导外周血白细胞的转录变化，上调与蛋白质产生和线粒体能量相关的基因，并下调与炎症反应有关的基因。

体重 睡眠 饮食 锻炼 心率 血压

运动日记

2月

14

长期运动可改善人体免疫力

长期以 60%~70% 的最大耗氧量［心率达到（60%~80%）×（220– 年龄）］的强度奔跑 30 分钟，每周 5 天，能够显著提高淋巴细胞中 B 细胞的增殖,从而改善人体免疫力。

体重 睡眠 饮食 锻炼 心率 血压

运动日记

2月

15

营养补充提高免疫力，降低运动后疾病的发病率

研究发现，参加马拉松、铁人三项或其他耐力赛等运动后，铁缺乏症对细胞介导的免疫力有影响，通过营养补充可以缓解运动后呼吸道和肠胃疾病等症状。

体重 睡眠 饮食 锻炼 心率 血压

运动日记

2月

16

太极拳与黄芪汤结合可有效提高老年女性免疫力

研究发现，在相对较短的3个月时间内，太极拳对提高老年女性免疫力无明显效果。但是运动6个月以上时，太极拳有明显的优势，与黄芪汤结合效果更佳。

体重 睡眠 饮食 锻炼 心率 血压

运动日记

2月

17

适度运动有助于提高疫苗接种成功率

研究发现，将短期适度运动作为轻度佐剂与疫苗接种相结合可能会增强细胞介导的免疫反应，提高疫苗接种成功率。

体重 睡眠 饮食 锻炼 心率 血压

运动日记

2月

18

定期运动能够延缓免疫衰老

免疫衰老是指免疫系统的正常功能随着年龄的增长而下降，这导致了老年人疫苗接种反应较差，感染和恶性肿瘤的发生率增加。研究发现，定期运动能够调节免疫系统并延缓免疫衰老的发作，增强疫苗接种反应。

体重 睡眠 饮食 锻炼 心率 血压

运动日记

2月

19

测测握力

研究表明，握力较大的人心血管疾病发生率较低且寿命较长。男性握力低于26公斤、女性握力低于16公斤，患心血管疾病的风险增加；在糖尿病患者中，握力较高的患者，临床并发症较少。

体重 睡眠 饮食 锻炼 心率 血压

运动日记

2月

20

运动或可帮助戒酒

运动被越来越多地应用于酒精使用障碍（食用酒精后出现的精神或行为障碍）患者。有氧运动可以降低酒精使用障碍患者饮酒的欲望，同时可以改善其情绪和焦虑状态。

体重 睡眠 饮食 锻炼 心率 血压

运动日记

2月

21

运动可以增加性趣

研究表明，多运动、爱健身的男性往往具有更好的勃起（性功能）。几乎任何有氧运动都会对性功能有所裨益，尤其是跑步。运动量越大，性功能越好。

体重 睡眠 饮食 锻炼 心率 血压

运动日记

2月

22

定期运动可为后代带来有益的健康影响

研究表明，孕妇在怀孕期间进行有氧运动可以提高婴儿的运动能力，从而降低他们在婴儿期患肥胖症的风险。

体重 睡眠 饮食 锻炼 心率 血压

运动日记

2月

23

定期运动可以预防多种慢性疾病

最新研究表明，慢性炎症是许多与年龄有关的慢性疾病发生的根本原因。而大量的动物和人类研究显示，短时间内的高强度运动和长时间的低强度运动均具有消炎作用。因此进行定期运动可以预防多种慢性疾病。

体重 睡眠 饮食 锻炼 心率 血压

运动日记

2月

24

体育运动对儿童和青少年影响深远

研究发现，儿童和青少年时期的体育锻炼会对成年后的健康产生很大影响。研究还发现，青少年的体育活动和较高的自爱自重、较低的焦虑和压力水平有关系。

运动日记

2月

25

儿童时期的锻炼可以增强骨骼强度

在青春期前进行有规律的锻炼，可以增强骨骼强度，降低老年骨折的风险。

体重 睡眠 饮食 锻炼 心率 血压

运动日记

2月

26

青少年时期的锻炼对骨有终生的益处

青少年正值骨骼发育的黄金时期，此时的锻炼或将受益终生。研究表明，在青少年时期进行的体力活动所带来的增加一半骨骼大小和三分之一骨骼强度的益处可以持续终生。

体重 睡眠 饮食 锻炼 心率 血压

运动日记

2月

27

体重管理很重要

研究显示，与体重正常的不运动者相比，运动但肥胖的个体，患高胆固醇血症、高血压和糖尿病的概率分别高出约2倍、5倍和4倍。所以，运动的同时建议加强体重管理。

祝您健康轻盈，生活轻松！

体重 ________ 睡眠 ________ 饮食 ________ 锻炼 ________ 心率 ________ 血压 ________

运动日记

2月

28

少吃竟然能让人多运动

研究发现，限制小鼠食物的摄入量会提高生长激素释放肽的水平，这有可能增加运动的动力。例如，限制进餐时间或间歇性禁食，可以帮助超重的人保持更有效的运动习惯。

体重 睡眠 饮食 锻炼 心率 血压

运动日记

3

3月

1

运动改善暴饮暴食习惯

研究表明，与不运动的人相比，12 周的运动可降低超重和肥胖人群对高脂肪食物和暴饮暴食的渴望程度。

体重 睡眠 饮食 锻炼 心率 血压

运动日记

3月

2

餐后运动嘴不馋

一项有趣的研究发现，餐后适当的锻炼可能会延长进餐对食欲的抑制作用，时常嘴馋却又需要控制体重的话，可以尝试在餐后0.5~1小时后进行适当运动，但不宜进行剧烈运动。

体重 睡眠 饮食 锻炼 心率 血压

运动日记

3月

3

运动可以防止体重增加

研究表明，运动可以防止体重增加以及降低发生心血管疾病和代谢疾病的风险。

体重 睡眠 饮食 锻炼 心率 血压

运动日记

3月

4

运动前一晚可以多吃点

在运动之前，我们会对运动有所“期待”，导致我们在运动前吃得更多，但通常多吃所产生的能量会低于30分钟强度为最大心率75%~80%的运动所消耗的能量。所以，运动前一晚可以多吃点。

体重 睡眠 饮食 锻炼 心率 血压

运动日记

3月

5

效果明显的减肥运动

慢跑是最适合减肥的运动。登山、散步、高强度行走、国标舞以及长期瑜伽运动都可以改善遗传因素对体重指数的影响。对于易胖人群，这些运动效果较明显。

体重 睡眠 饮食 锻炼 心率 血压

运动日记

3月

6

不同强度的运动均可以减肥

研究表明，高强度的运动有利于脂肪组织的脂解；而低中强度的耐力运动可以改善身体成分，促进维持体重。中等强度和高强度运动相结合可以为减肥提供更多好处。

体重 睡眠 饮食 锻炼 心率 血压

运动日记

3月

7

坚持晨练增强减肥效果

研究表明，坚持晨练可改善超重或肥胖人群的运动依从性和体重管理，促进其更频繁地运动，养成自律好习惯，提高减肥效果。

体重 睡眠 饮食 锻炼 心率 血压

运动日记

3月

8

换床单减肥效果好

研究表明，平均每周 304 分钟或者每天 44 分钟的体力活动才能达到每周 150 分钟体育运动的消耗量；不过如果选择更换床单，1 周只需要 224 分钟就行。

体重 睡眠 饮食 锻炼 心率 血压

运动日记

3月

9

有氧/抗阻运动助您瘦得更快

研究表明，控制饮食加有氧或抗阻运动比单独控制饮食有更多的总体重减少，并且控制饮食和抗阻运动组合比控制饮食和有氧运动组合瘦得更多。

体重

睡眠

饮食

锻炼

心率

血压

运动日记

3月

10

低频高强度间歇训练是减肥人群的福音

研究显示，每周进行一次高强度间歇训练能改善超重和肥胖成年人的心肺健康、身体组成和血压。而对于不爱运动、超重或肥胖的年轻人群来说，低频高强度间歇训练会是一个有效的初始运动计划。

体重 睡眠 饮食 锻炼 心率 血压

运动日记

3月

11

运动时间较短的间歇训练能燃烧更多脂肪

研究表明，间歇训练比中等强度的连续训练能燃烧更多的身体脂肪。虽然脂肪减少的差异并不大，但间歇训练时间较短，可能更容易使人们坚持这类运动。

体重 睡眠 饮食 锻炼 心率 血压

运动日记

3月

12

高强度运动有助于减少能量摄入

研究表明，高强度运动能有效地改善肥胖女性的睡眠时间和质量，从而减少高能量食物（脂肪和糖）的摄入。

体重 睡眠 饮食 锻炼 心率 血压

运动日记

3月

13

上下楼梯运动可减肥

研究表明，12 周上下楼梯运动改善了中国肥胖女性的身体组成参数，同时下楼梯在改善胰岛素敏感性方面有优越性。

体重 睡眠 饮食 锻炼 心率 血压

运动日记

3月

14

伸展运动减少腹部肥胖

研究表明，伸展运动能在不改变脂肪氧化的情况下减少肥胖成年人的腹部脂肪，而腹部脂肪的减少和基础代谢的改善意味着患心血管疾病的风险降低。

体重 睡眠 饮食 锻炼 心率 血压

运动日记

3月

15

太极拳是减小腰围的有效方法

研究发现，50 岁及以上中心性肥胖成人经过 3 个月的太极拳运动，腰围减小，体重和低密度脂蛋白水平降低，效果能持续 9 个月。

运动日记

3月

16

晨间喝咖啡可提高下午运动的脂肪利用率

研究表明，早晨摄入咖啡有助于提高下午锻炼时的最大脂肪氧化水平。对于寻求在持续有氧运动中增加脂肪利用率的人来说，晨间摄入咖啡和下午中等强度运动结合是较好的选择。

体重 睡眠 饮食 锻炼 心率 血压

运动日记

3月

17

运动后食用高蛋白餐有利于体重管理

研究表明，运动后食用高蛋白餐可以提高脂肪氧化程度、抑制饥饿感和改善新陈代谢。女性在食欲感觉上有更明显的反应，因此在锻炼期间和之后食用高蛋白膳食对管理体重有潜在的益处。

体重______ 睡眠______ 饮食______ 锻炼______ 心率______ 血压______

运动日记

3月

18

早餐前运动更能促进脂肪氧化

研究表明，夜间禁食或长时间运动后肌肉和肝脏中的糖原减少时，脂肪酸开始从脂肪细胞转运到肝脏作为替代燃料，早餐前的运动会导致能量和碳水化合物的短暂下降，从而增加脂肪氧化速率。

体重 睡眠 饮食 锻炼 心率 血压

运动日记

3月

19

午餐前1小时锻炼有助于减少能量摄入

研究表明，进餐前运动对优化能量平衡有重要影响，当运动时间接近午餐时间时，可减少脂类和蛋白质的摄入。

体重 睡眠 饮食 锻炼 心率 血压

运动日记

3月

20

低碳水化合物、高脂肪饮食结合运动有助于改善体重

研究表明，低碳水化合物、高脂肪饮食和运动相结合可有效地改善超重和肥胖。

体重 睡眠 饮食 锻炼 心率 血压

运动日记

3月

21

不同类型运动可以不同程度地减少肥胖的遗传效应

研究表明，进行定期慢跑、爬山、正常步行、快速步行、国际标准舞蹈和较长时间的瑜伽练习等6种运动可以不同程度地减少肥胖的遗传效应。其中定期慢跑减少肥胖遗传效应的证据最有力。

运动日记

3月

22

慢跑是“肥胖基因”最不愿意面对的运动

研究发现，虽然都有“肥胖基因”，但经常慢跑的人比喜欢进行其他类型运动的人更苗条，即体重指数更低、体脂百分比更低、腰更细、臀围更小。

体重 睡眠 饮食 锻炼 心率 血压

运动日记

3月

23

青春期多运动，降低肥胖风险

研究表明，青春期低水平体育运动可增加青春期肥胖的可能性，低水平体育运动伴肌肉骨骼疼痛的青少年在成年后患肥胖症的风险显著增加。适当增加体育运动可为肌肉骨骼健康和心理健康提供好处。

运动日记

3月

24

青少年肥胖可选择有氧结合抗阻运动

将有氧运动、抗阻运动、复合型（有氧+抗阻）运动分别与单纯饮食控制进行比较，三种训练方式均能更有效地改善体脂率，而复合型（有氧+抗阻）运动效果最好。

体重 睡眠 饮食 锻炼 心率 血压

运动日记

3月

25

运动可以改善超重和肥胖儿童的血管功能

系统性分析表明，运动可以改善超重和肥胖儿童的血管功能。针对超重和肥胖儿童，需要进一步的研究来设计最佳运动方案以改善和维持健康的血管功能。

体重 睡眠 饮食 锻炼 心率 血压

运动日记

3月

26

跳绳结合黑巧克力可能有助于减少炎症

研究表明，跳绳运动本身无法改变血清化学物质的浓度，然而与黑巧克力结合时，肥胖的青春期男孩的化学物质浓度降低，可能有助于减少炎症。

体重 睡眠 饮食 锻炼 心率 血压

运动日记

3月

27

普拉提可改善肥胖女性血压和心血管功能

研究表明，普拉提可能是改善肥胖女性心血管功能和血压的有效运动方式，似乎也是降低肥胖女性身体脂肪百分比的有效措施。

体重 睡眠 饮食 锻炼 心率 血压

运动日记

3月

28

短时间累积运动对降低成年人体重指数有益

研究表明，每周锻炼150分钟或更长时间的成年人的体重指数可得到有效降低，但每周的总锻炼时间似乎比单次锻炼的持续时间更重要。长期坚持运动（>10周）在降低体重指数方面比短期运动更有效。

运动日记

3月

29

时间限制性饮食和运动对老年肥胖患者的影响

研究表明，运动有益于身体功能，而时间限制性饮食有益于代谢、日常生活行为和肝脏病理的循环指标。运动对健康的净效益比时间限制性饮食更有利。对于肥胖的老年人来说，运动是促进健康的一种安全且有效的选择。

运动日记

3月

30

运动对向心性肥胖者有保护作用

研究表明，运动可降低向心性肥胖的发病率。经常运动，特别是有氧运动，可减少总脂肪、腹部皮下脂肪和内脏脂肪。

体重 睡眠 饮食 锻炼 心率 血压

运动日记

3月

31

孕期暴饮暴食增加后代健康风险

研究表明，孕期暴饮暴食易导致母体妊娠期肥胖，增加母体和后代的健康风险，导致体重增加、肥胖、高血糖和血脂异常。轻中度体育运动有助于使母体的血糖、甘油三酯和胆固醇浓度正常化。

体重 睡眠 饮食 锻炼 心率 血压

运动日记

4月

1

运动的好处能通过母乳传给后代

母乳中一种与运动有关的糖，可逆转高脂饮食导致的后代肥胖。女性在怀孕前、怀孕期间和哺乳期保持适量运动，能够改善后代代谢，而且运动对孕期和哺乳期女性的整体健康也大有好处。

体重 睡眠 饮食 锻炼 心率 血压

运动日记

4月

2

母亲在孕前和孕期运动，后代也受益

母亲在怀孕前和怀孕期间运动可诱导母乳成分发生改变，从而降低母乳喂养后代随年龄增长出现心血管功能下降的风险。

体重 睡眠 饮食 锻炼 心率 血压

运动日记

4月

3

爱锻炼的妈妈，宝宝不会差

研究表明，孕产妇在妊娠期进行合理适当的体育运动可使肠道菌群不断变化，减轻母体高脂饮食造成胎儿代谢紊乱中的血糖异常。孕妈们动起来吧！

体重 睡眠 饮食 锻炼 心率 血压

运动日记

4月

4

运动可以作为各种疾病的干预措施

一项报道26种不同疾病的文献显示，运动对包括肌肉骨骼系统、代谢系统、呼吸系统在内的各系统疾病均有改善作用，但要根据不同疾病选择不同类型的运动干预方式。

体重 睡眠 饮食 锻炼 心率 血压

运动日记

4月

5

睡眠障碍

睡眠障碍会导致过度焦虑，情绪不稳定，记忆力减退等症状。一项纳入326例慢性肌肉疼痛患者的研究发现，92.9%的患者有睡眠障碍。

运动日记

4月

6

运动或可替代（辅助）药物治疗改善睡眠质量

慢性失眠一般采用药物治疗，但药物治疗具有副作用大、耐受性和依赖性强、费用高等缺点。中等强度的抗阻运动和拉伸运动能显著改善慢性失眠患者的症状。

体重 睡眠 饮食 锻炼 心率 血压

运动日记

4月

7

入睡困难者可能更适合早晨锻炼

入睡困难是睡眠障碍的一种。实验表明，早晨锻炼相比晚上锻炼可以有效改善入睡困难患者夜间睡眠质量，尤其是后半夜的睡眠质量。

运动日记

4月

8

社会活动和锻炼有利于保证睡眠质量

有组织的社会活动和体育运动，如跳广场舞、游泳、散步、慢跑等，可有效保证老年人（≥65岁）的睡眠质量，降低老年人发生失眠症的可能性。

体重 睡眠 饮食 锻炼 心率 血压

运动日记

4月

9

太极拳可改善睡眠质量

太极拳具有调理身心的益处。文献综述表明，太极拳可改善老年人的睡眠潜伏期、睡眠时间、睡眠效率等睡眠质量内容，同时白天嗜睡症状也有所改善。

体重 睡眠 饮食 锻炼 心率 血压

运动日记

4月

10

早晨运动比下午运动更有助于睡眠

研究发现，与下午运动相比，早晨运动在晚上10点时唾液中的褪黑激素含量显著较高，因此早上运动比下午运动更有助于睡眠。

运动日记

4月

11

运动让大脑变年轻

运动可以改善认知衰退和神经退行性疾病。科学家发现，小鼠运动之后肝脏会大量合成糖基化磷脂酰肌醇特异性磷脂酶D1（GPLD1），这种酶的水平升高会促进海马神经元的再生，改善衰老小鼠的认知能力。

体重 睡眠 饮食 锻炼 心率 血压

运动日记

4月

12

奔跑吧，为了更聪明

跑得越快的小鼠学习能力越强！这个现象与小脑内的苔藓纤维有关，运动能够直接激活相关神经元，达到增强学习能力的效果！

体重 睡眠 饮食 锻炼 心率 血压

运动日记

4月

13

步行速度越慢，45 岁时身体和大脑老化越严重

步行速度减慢是年龄增长的标志，也是一个预测衰老的指标。七八十岁时，慢速步行者比同龄的快速步行者死亡风险高。但是加强锻炼，延缓身体衰老，还是可行的。

体重 睡眠 饮食 锻炼 心率 血压

运动日记

4月

14

要想步态好，就得管住嘴，迈开腿

研究表明，饮食减肥和运动相结合对步态机制有最大的整体益处，适当地减重和改善肌肉力量可产生生理上最佳的关节负荷，从而提高步态速度、节奏和步长。

运动日记

4月

15

每天走路越多，大脑越健康吗

脑小血管疾病是大脑老化的常见结果，每天步行有助于预防脑小血管疾病，但并不是每天步数越多患病率越低，每天步行8000~10 000步的人群大脑老化风险最低。

运动日记

4月

16

体育运动对延缓脑衰老有积极影响

研究表明，运动以及运动结合认知干预可以产生保护作用、介导抗炎作用，从而对大脑衰老产生积极影响。

体重 睡眠 饮食 锻炼 心率 血压

运动日记

4月

17

游泳拯救认知

游泳时肌肉释放一种叫作鸢尾素的激素，这种激素可以进入大脑，升高大脑海马体中鸢尾素的水平，从而改善老年性痴呆（又称阿尔茨海默病）患者的突触可塑性和记忆能力。

体重 睡眠 饮食 锻炼 心率 血压

运动日记

4月

18

太极拳可调节大脑默认网络

大脑默认网络在与年龄相关的认知能力下降中起重要作用。研究表明，12周的太极拳练习后，老年人的内侧前额叶皮质和右壳核/尾状核之间的静息态功能连接性显著增强。

体重 睡眠 饮食 锻炼 心率 血压

运动日记

4月

19

太极拳有改善认知功能的效果

太极拳对整体认知功能、视觉空间技能、语义记忆、语言学习和自我感知记忆有影响，有改善老年性痴呆发病时的短期认知功能的效果。

体重 睡眠 饮食 锻炼 心率 血压

运动日记

4月

20

八段锦有预防认知能力下降的潜力

研究表明，与健康宣教相比，12 周的八段锦练习可明显改善老年人的心理控制功能，预防认知能力下降。

体重 睡眠 饮食 锻炼 心率 血压

运动日记

4月

21

有氧运动可改善丙型肝炎患者认知障碍

30%~50% 的非肝硬化慢性丙型肝炎患者可发生认知障碍。据研究，12 周的有氧运动干预有益于改善丙型肝炎患者的认知、生活质量和心肺健康。

体重 睡眠 饮食 锻炼 心率 血压

运动日记

4月

22

运动少、高血压和低学历是我国老年性痴呆的三大诱因

研究发现，24.3%、22.1%、11.9% 的老年性痴呆可分别归因于身体活动不足、高血压和低学历。加强锻炼、控制高血压、提高全民教育水平均有助于降低老年性痴呆的发病率。

运动日记

4月

23

心血管越健康，患老年性痴呆的风险越低

中年到老年时期较健康的心血管与老年时期较低的患老年性痴呆风险相关；保持健康的心血管指标以及健康的生活方式（戒烟、高水平体力活动和控制体重等）可降低患老年性痴呆的风险。

运动日记

4月

24

中高强度运动对预防男性老年性痴呆效果更显著

世界卫生组织曾表示，对于60岁及以上的成年人，老年性痴呆所造成的寿命降低高于卒中、心血管疾病、癌症等。研究建议，中年男性应坚持中高强度的运动，以降低未来认知功能下降的风险。

运动日记

4月

25

久坐的危害超乎想象

久坐不仅伤害肩颈和腰背，还会增加罹患心血管疾病的风险。此外，近期研究显示，慢性肝病也与久坐的生活方式有很高的相关性。门外风光尚好，不如出去走走吧！

体重 睡眠 饮食 锻炼 心率 血压

运动日记

4月

26

久坐降低幸福感

日常久坐行为短期内可能减轻疼痛，但会降低骨关节炎患者的幸福感。让我们告别久坐，拥抱幸福吧！

体重 睡眠 饮食 锻炼 心率 血压

运动日记

4月

27

青少年久坐不运动易抑郁

一篇发表于《柳叶刀》的文献显示，青少年久坐、不运动会增加抑郁风险。该文献还显示，任何能减少坐着时间的活动都有利于心理健康，减少抑郁。

运动日记

4月

28

久坐不动，小心胆结石

中高强度的有氧运动可以通过降低血脂、提高胃肠动力以避免对胆固醇的重复吸收等来预防胆结石的发生。对于久坐人群，每天进行30分钟以上的锻炼，与不运动的人群相比，患胆石症的风险可降低70%！

体重 睡眠 饮食 锻炼 心率 血压

运动日记

4月

29

女性减少久坐时间比男性更有意义

在健康人群中，女性久坐时间与血糖水平呈正相关，而在男性中无显著关联。因此，在减少久坐行为以预防糖尿病方面，女性可能比男性更有意义。

体重 睡眠 饮食 锻炼 心率 血压

运动日记

4月

30

如何弥补长时间久坐带来的负面影响

久坐已经成为世界公认的不健康生活方式。而每天30~40分钟的中等到高强度体育运动，可以抵消10小时久坐给身体带来的负面影响。

运动日记

5

5月

1

碎片化活动

碎片化活动就是一整天都有小的活动，但都不是正式的锻炼。碎片化活动可以打破长时间久坐的习惯，让您更活跃。

体重 睡眠 饮食 锻炼 心率 血压

运动日记

5月

2

运动降低死亡风险

运动与死亡风险的显著降低有关关。哪怕只是做饭、洗碗这种程度的运动，只要每天坚持的时间够久，在降低死亡风险方面也是非常有效的。

体重______ 睡眠______ 饮食______ 锻炼______ 心率______ 血压______

运动日记

5月

3

适度高强度运动有利于降低全因死亡风险

研究显示，高强度运动占比过半与全因死亡风险降低17%有关。高强度运动占比越高，全因死亡风险越低。适当增加高强度运动的占比，会收获更多的健康益处。

体重 睡眠 饮食 锻炼 心率 血压

运动日记

5月

4

运动每年让100多万中国人免于过早死亡

针对过早死亡人群诱因的研究发现，不运动占比6.4%，不吃水果、蔬菜占比11.3%，饮酒占比5.3%。不运动导致的死亡率与吸烟持平。运动避免了18.3%的中国人过早死亡，相当于每年避免了101.65万40~74岁的人过早死亡。

体重 睡眠 饮食 锻炼 心率 血压

运动日记

5月

5

不久坐，活更久

久坐会大大增加患心脏病、高血压的风险，久坐者早死率高达10%。如果25%的久坐、运动少的人每周增加150分钟的中等强度运动，或许会直接挽救7.5万人的性命。

体重 睡眠 饮食 锻炼 心率 血压

运动日记

5月

6

不运动，
可要小心了

每周坚持375分钟运动，可以降低52%的死亡风险！中等强度的运动，能降低61%的死亡风险！一直坐着不动，超过9小时的话，死亡风险会大大升高。

体重 睡眠 饮食 锻炼 心率 血压

运动日记

5月

7

运动可以延长寿命

大量研究表明，保持适当的运动可防止某些癌症发生，降低骨质疏松风险，并可延长寿命。运动计划应包括心肺功能锻炼、肌肉功能锻炼、灵活性和平衡性锻炼。

体重 睡眠 饮食 锻炼 心率 血压

运动日记

5月

8

体力活动
助您平安到老

增强体力活动水平可避免约10%的中年死亡和80%的心血管疾病。

体重 睡眠 饮食 锻炼 心率 血压

运动日记

5月

9

看看有没有您喜欢的运动

自行车运动、游泳、球拍类运动等有氧运动能使人更加长寿，其中游泳、球拍类运动还能使心血管疾病患者活得更久。

运动日记

5月

10

跑起来

与不跑步的人相比，跑步（任何运动量）的人全因死亡风险降低27%。即便平均每周只跑1次，每次跑步不足50分钟，跑步速度低于8000米/时，也有显著的健康收益。

体重 睡眠 饮食 锻炼 心率 血压

运动日记

5月

11

跑步能延年益寿

与不运动者相比，跑步者全因、癌症和心血管死亡的风险分别降低了27%、23%和30%。即使是相对少量的跑步也可以降低死亡风险。因此，随着越来越多的人参与跑步，我们可能会看到人们健康的显著改善和寿命的显著提高。

体重 睡眠 饮食 锻炼 心率 血压

运动日记

5月

12

爱打网球
多活近 10 年

相比久坐人群，爱打网球的人预期寿命平均延长了 9.7 年！平均运动时间最长的健身房运动延寿只有 1.5 年。

体重 ________ 睡眠 ________ 饮食 ________ 锻炼 ________ 心率 ________ 血压 ________

运动日记

5月

13

经常打羽毛球的人预期寿命延长 6.2 岁

一项 8557 人的随访调查发现，相比“久坐不动”人群，经常打羽毛球的人预期寿命平均延长了 6.2 岁。

体重 睡眠 饮食 锻炼 心率 血压

运动日记

5月

14

经常踢足球的人预期寿命延长 4.7 岁

一项 8557 人的随访调查发现，相比“久坐不动”人群，经常踢足球的人预期寿命平均延长了 4.7 岁。

体重 睡眠 饮食 锻炼 心率 血压

运动日记

5月

15

携带艾滋病病毒的女性进行有氧舞蹈训练是安全的

研究发现，有氧舞蹈训练可以改善携带艾滋病病毒女性的焦虑和抑郁水平，同时也不会导致免疫损伤。

体重 睡眠 饮食 锻炼 心率 血压

运动日记

5月

16

您最近开心吗，焦虑吗

运动可以升高体温，改善大脑血液循环，并影响下丘脑－垂体－肾上腺轴对压力的生理反应，从而提高自我效能感，改善认知失调。所以，不开心的时候就去运动吧，和焦虑、抑郁说“拜拜”！

体重________ 睡眠________ 饮食________ 锻炼________ 心率________ 血压________

运动日记

5月

17

在蓝色空间里运动更开心

有研究表明，在蓝色空间里行走后交感神经系统的活动有所增强，即刻幸福感显著提高，情绪反应显著改善。

体重 睡眠 饮食 锻炼 心率 血压

运动日记

5月

18

练习瑜伽
改善注意力

现在大学生心理压力与日俱增。研究表明，专注于呼吸的瑜伽能有效提高注意力，减轻压力，使大学生保持精力投入学习。

体重　睡眠　饮食　锻炼　心率　血压

运动日记

5月

19

运动能改善心理障碍患者的健康

运动通过调节脑啡肽、线粒体、神经递质和肾上腺轴等对焦虑、压力和抑郁等起积极作用。此外，运动还可以减少炎症，改善心理障碍患者的身体健康状况。

体重 睡眠 饮食 锻炼 心率 血压

运动日记

5月

20

何种运动最能减轻心理压力

最能减轻心理压力的运动包括受欢迎的团体运动（减轻22.3%）、自行车运动（减轻21.6%）、有氧运动和健身房运动（减轻20.1%）。

体重 睡眠 饮食 锻炼 心率 血压

运动日记

5月

21

何种运动频率最能促进心理健康

每次持续 45 分钟，每周 3~5 次的运动频率最能促进心理健康。

体重 睡眠 饮食 锻炼 心率 血压

运动日记

5月

22

跑步是心理疾病的“良药”

跑步是治疗一系列负面心理状况的有效方法，如抑郁、焦虑、紧张、情绪变化和自卑等。

体重 睡眠 饮食 锻炼 心率 血压

运动日记

5月

23

跑步能抑制应激诱发的焦虑和抑郁

自然灾害、传染病暴发等可引起应激性焦虑和抑郁。研究证实，跑步对抑制应激诱发的焦虑和抑郁有积极作用。

体重 睡眠 饮食 锻炼 心率 血压

运动日记

5月

24

规律锻炼
预防抑郁症

任何强度的规律锻炼都可以预防抑郁症的发生，而且不会带来焦虑。因此，不论强度如何，坚持锻炼才是最重要的！

体重 睡眠 饮食 锻炼 心率 血压

运动日记

5月

25

多运动降低抑郁风险

任何强度的运动均能预防抑郁症。每周多运动 4 小时，抑郁症发作的风险可降低 17%。

体重 睡眠 饮食 锻炼 心率 血压

运动日记

5月

26

运动对抑郁症影响的性别差异之男性

每周进行1次以上力量锻炼、家庭高收入和无中风病史与男性抑郁症患病率较低显著相关。

体重 睡眠 饮食 锻炼 心率 血压

运动日记

5月

27

运动对抑郁症影响的性别差异之女性

每周进行1次以上的力量锻炼与女性抑郁症患病率无明显关系，而每周至少1次步行与女性较低的抑郁水平显著相关。

体重 睡眠 饮食 锻炼 心率 血压

运动日记

5月

28

青少年久坐与抑郁的相关性

在12岁、14岁和16岁时，每天每增加1小时的久坐时间，则18岁时抑郁风险分别增加11.1%、8%和10.5%。

体重 睡眠 饮食 锻炼 心率 血压

运动日记

5月

29

青少年体力活动能降低抑郁风险

在12岁、14岁和16岁时，每天每增加1小时的体力活动，则18岁时的抑郁风险分别降低9.6%、7.8%和11.1%。

体重 睡眠 饮食 锻炼 心率 血压

运动日记

5月

30

有氧运动：独特有效的“抗抑郁药”

有氧运动对任何程度的抑郁症都有很好的效果，是治疗抑郁症的一种有效、无副作用的手段。推荐中等运动强度、每次45分钟、每周3次的有氧运动。

体重

睡眠

饮食

锻炼

心率

血压

运动日记

5月

31

练习瑜伽
促进产后妈妈
身心健康

瑜伽结合心理辅导有助于改善产后抑郁患者的心理健康水平，促进体形、盆底功能恢复，提高产后妈妈的生活质量。

体重 睡眠 饮食 锻炼 心率 血压

运动日记

6

6月

1

正念冥想改善产后抑郁

正念冥想对产后抑郁患者是有效的，能缓解抑郁、焦虑症状，改善睡眠。对于没有时间参加线下课程的患者，借助手机APP进行正念冥想也是不错的选择。

体重 睡眠 饮食 锻炼 心率 血压

运动日记

6月

2

遛狗也能降低抑郁程度

有研究表明，相比不遛狗的患者，每周至少坚持遛狗 1 天的患者抑郁水平低，并且更加阳光，身体活动水平也更好。

体重 睡眠 饮食 锻炼 心率 血压

运动日记

6月

3

步行能预防绝经后女性抑郁

为期6个月每周3次、每次40分钟的步行，可有效预防绝经后因缺乏体力活动而有抑郁风险的女性抑郁。

体重 睡眠 饮食 锻炼 心率 血压

运动日记

6月

4

经常运动的人患焦虑症的可能性小

经常运动的人患焦虑症的可能性小。此外，运动还可以缓解焦虑和压力相关障碍的症状，如创伤后应激障碍、广场恐怖症和恐慌障碍等。

体重 睡眠 饮食 锻炼 心率 血压

运动日记

6月

5

足球和心理治疗相结合益于心理健康

积极的社会关系和咨询关系有助于改善心理健康状况。足球能够增进社会关系，是一种心理健康干预的媒介，其与心理治疗相结合能有效促进心理健康。

体重 睡眠 饮食 锻炼 心率 血压

运动日记

6月

6

气功促进老年人身心健康

身体限制、抑郁和焦虑在老年人中很常见。轻度到中度的运动可以促进老年人身心健康。气功作为中国传统运动，对患有慢性疾病老年人的身体功能和心理健康有益处。

体重 睡眠 饮食 锻炼 心率 血压

运动日记

6月

7

气功结合认知疗法有助于治疗抑郁和焦虑患者

研究表明，气功结合认知疗法，可提升身体健康水平，从而减少抑郁症、焦虑症患者的心理症状。

体重 睡眠 饮食 锻炼 心率 血压

运动日记

6月

8

气功对老年人抑郁和焦虑有良好效果

研究结果表明，每周3次传统健身气功可显著提高老年人身体功能，对抑郁和焦虑等有良好效果。

体重 睡眠 饮食 锻炼 心率 血压

运动日记

6月

9

打打太极，心情舒畅

太极拳是一种源于武术、目前较流行的身心干预手段，可以显著调节情绪，缓解抑郁症状。而且其教学视频的可获得性和简化版太极拳的发展使其成为一种有前途的低强度身心锻炼方式。

体重 睡眠 饮食 锻炼 心率 血压

运动日记

6月

10

太极拳可促进心理健康

综述表明，太极拳能显著减少悲伤、困惑、紧张、焦虑和恐惧等情绪，能增加活力、快乐、信心和自我认同感，适用于改善儿童、青少年、健康成年人、老年人以及各类慢性疾病患者的整体心理状态。

体重 睡眠 饮食 锻炼 心率 血压

运动日记

6月

11

练习瑜伽有助于改善强迫症

瑜伽能有效改善强迫症的症状，可作为对一线治疗无反应的强迫症患者的附加选择。

体重 睡眠 饮食 锻炼 心率 血压

运动日记

6月

12

游泳或许是多动症患儿不错的选择

游泳除了可以增强运动协调能力外，还可以显著改善注意缺陷多动障碍（多动症）患儿的抑郁参数和认知功能。

体重 睡眠 饮食 锻炼 心率 血压

运动日记

6月

13

定期运动
有助于肥胖儿童
心理健康

研究表明，规律的运动可帮助肥胖儿童产生积极的自我认同，增强自尊心，改善幸福感和自我概念，同时减少消极想法的出现。

体重 睡眠 饮食 锻炼 心率 血压

运动日记

低强度运动有助于预防精神分裂症

研究发现，在发育过程中轻度运动可通过改善因遗传而出现的神经发育异常来预防精神分裂症。低强度运动可以预防异常行为，这表明运动可能直接有助于预防精神分裂症。

运动日记

6月

15

如何缓解脑外伤恢复期患者的焦虑

越来越多的证据证明，脑外伤后休息几乎没有益处，长时间的休息反而会影响患者的健康。运动具有神经保护作用并能促进康复，适当强度的运动可以减少焦虑行为。

体重 睡眠 饮食 锻炼 心率 血压

运动日记

6月

16

运动改善健康状况

定期进行中等强度的运动是一种有力的行为干预措施，可以改善老年人、肥胖症患者以及癌症和慢性病毒感染(如艾滋病)患者的免疫和健康状况。

体重

睡眠

饮食

锻炼

心率

血压

运动日记

6月

17

定期运动可降低患癌症的风险

最新研究回顾了运动对抗癌免疫细胞效应因子的影响发现，定期运动能够提高机体抗肿瘤免疫力，避免免疫系统被破坏，降低患癌症的风险。

体重 睡眠 饮食 锻炼 心率 血压

运动日记

6月

18

多运动可降低女性患癌的风险

运动可降低女性患各类癌症的风险：患乳腺癌的风险可降低6%~10%；患子宫内膜癌的风险可降低10%~18%；患非霍奇金淋巴瘤的风险可降低11%~18%。

运动日记

6月

19

晨练防癌效果更好

近期一项研究显示，比起在其他时间运动，晨练才是预防乳腺癌和前列腺癌最好的方法。上午8~10点运动与前列腺癌发病风险下降26%、乳腺癌发病风险下降27%有关。

体重 睡眠 饮食 锻炼 心率 血压

运动日记

6月

20

长跑激活抑癌基因

长跑等运动可以激活小鼠肝细胞内的p53等抑癌基因，同时也可以改善胰岛素敏感性，缓解肝损伤，即使是肥胖小鼠的体重不下降，肝癌发病风险也会大幅下降。

体重　睡眠　饮食　锻炼　心率　血压

运动日记

6月

21

结肠癌，请走开

结肠癌是消化系统最常见的癌症，任何强度的体力活动都可以降低罹患结肠癌的风险。体力活动水平高的人群相比水平低的人群可降低近20%！

运动日记

6月

22

运动可以预防结肠肿瘤

日本的一项研究表明，中等强度的运动，如1小时的快跑或骑自行车可以刺激肌肉组织分泌一种蛋白质，该蛋白质可通过增加结肠黏膜细胞凋亡来抑制结肠肿瘤的发生。

体重 睡眠 饮食 锻炼 心率 血压

运动日记

6月

23

结肠癌患者运动益处多多

每周300分钟有氧运动对结肠癌有改善效果。

体重 睡眠 饮食 锻炼 心率 血压

运动日记

6月

24

动起来，将肝癌拒之门外

每周进行3~5小时的中等强度运动，如快走，可使患肝癌的风险降低18%~27%。

体重 睡眠 饮食 锻炼 心率 血压

运动日记

6月

25

预防男性胰腺癌，从运动开始

与青春期开始就不爱运动的男性相比，成年期经常锻炼并在青春期从事体力活动的男性患胰腺癌的风险降低62%。

体重 睡眠 饮食 锻炼 心率 血压

运动日记

6月

26

运动预防胃癌

调查表明，从事体力活动的人，尤其是亚洲人，患胃癌的风险较低。定期体育运动、戒烟戒酒及根除幽门螺杆菌，可以有效预防胃癌的发生。

体重 睡眠 饮食 锻炼 心率 血压

运动日记

6月

27

静息心率

静息心率又称为安静心率，多指人在安静状态下的心率，多是在早晨起床前测量的脉搏值。

体重

睡眠

饮食

锻炼

心率

血压

运动日记

6月

28

心率储备

心率储备是指实测的最大心率和静息心率之差，表示人体劳动或运动时心率可能增加的潜在能力。心率储备 =220- 年龄 - 静息心率。在实际情况中，进行心率储备计算时要考虑天气变化和个人体质对个体心肺功能的影响。

体重 睡眠 饮食 锻炼 心率 血压

运动日记

6月

29

心源性猝死与心率储备有关

一项研究发现较低的心率储备和缓慢的心率恢复是心源性猝死的重要风险因素，提示心率储备和心率恢复与心源性猝死的发生高度相关。

体重 睡眠 饮食 锻炼 心率 血压

运动日记

6月

30

久坐对心脏不好

研究显示，与轻度运动相比，每周进行一次或两次高强度运动，心血管意外风险最低。更频繁的运动并不能带来更多的好处。久坐者的心血管意外风险最高。

体重 睡眠 饮食 锻炼 心率 血压

运动日记

7月

1

运动与心脏病

研究发现，运动能够实现心脏的生理重塑，包括心脏生理性增大，血管重构；促进新陈代谢以及心肌细胞更新。

体重 睡眠 饮食 锻炼 心率 血压

运动日记

7月

2

运动为何会使心脏保持健康

一项研究表明，无论是在正常情况下还是心脏病发生后，运动均能刺激心脏产生更多的心肌细胞，这或许是运动为何能够使心脏保持健康的原因之一。

体重 睡眠 饮食 锻炼 心率 血压

运动日记

7月

3

运动可以减少心脏上的“油”

心外膜和心包的脂肪过多是心血管疾病的重要危险因素。与不运动的人相比，12 周有氧运动和抗阻运动可分别使心外膜脂肪质量减少 32% 和 24%，抗阻运动还可以使心包脂肪质量减少 31%。

体重 睡眠 饮食 锻炼 心率 血压

运动日记

7月

4

老年人运动频率变化与心血管疾病

一项针对60岁以上人群的研究结果表明，运动的频率较高或维持运动的水平与降低心血管疾病风险有关。

体重 睡眠 饮食 锻炼 心率 血压

运动日记

7月

5

骑自行车上下班，心血管更加健康

大约 90% 骑自行车上下班的人达到了建议的体力活动水平，且研究发现，骑自行车上下班人群心血管疾病、癌症的风险显著低于步行、乘公交或者开私家车上下班的人群。

体重　睡眠　饮食　锻炼　心率　血压

运动日记

7月

6

早餐前运动降低患心血管疾病风险

肥胖是心血管疾病危险因素之一。研究表明，早餐前运动者比早餐后运动者全身脂质的利用率高约2倍。因此，早餐前运动能消耗更多脂肪，从而降低患心血管疾病的风险。

运动日记

7月

7

抗阻运动降低心血管疾病风险

与不进行抗阻运动的人相比，每周 1~3 次或者总量 1~59 分钟的抗阻运动可使总心血管意外风险降低 40%~70%，高胆固醇血症发病风险降低 32%。

运动日记

7月

8

单次抗阻运动也可以降低心血管疾病风险

即使没有时间和精力去完成规律且足量的运动，也要尝试去运动。单次的全身抗阻运动也可以提高糖尿病前期患者的餐后血脂代谢，从而降低患心血管疾病和 2 型糖尿病的风险。

运动日记

7月

9

五禽戏减少心血管疾病危险因素

研究表明，五禽戏对收缩压、舒张压、总胆固醇、甘油三酯、低密度脂蛋白、高密度脂蛋白有积极影响，长期练习可减少心血管疾病危险因素。

体重 睡眠 饮食 锻炼 心率 血压

运动日记

7月

10

长期练习太极拳可有效提高有氧能力

无论性别，太极拳练习者的平均有氧能力高于不练习者 81%，55 岁以上太极拳练习者其有氧能力高于同龄对照组 86%，因此中老年人长期练习太极拳受益最大，尤其是 55 岁以上的久坐人群。

运动日记

7月

11

年轻人增强肌肉力量可以降低心血管风险

肌肉力量是身体健康的指标，青春期增强肌肉力量可使心血管疾病导致死亡的风险降低 20%~35%，青少年自杀风险降低 20%~30%，精神疾病患病率降低 15%~65%。

体重 睡眠 饮食 锻炼 心率 血压

运动日记

7月

12

规律高强度运动 降低患心血管病风险

有研究显示，与不运动的人相比，经常在休闲时间保持高强度体力活动的人患心血管病的风险可降低69%，而保持低强度体力活动的人风险仅可降低24%。

体重 睡眠 饮食 锻炼 心率 血压

运动日记

7月

13

保证充足睡眠，守护心血管健康

有研究表明，睡眠时间会影响冠状动脉粥样硬化的患病率。与睡眠时间不足的人群相比，保持充足睡眠的人群患冠状动脉粥样硬化的风险低。

体重 睡眠 饮食 锻炼 心率 血压

运动日记

7月

14

运动减少动脉粥样硬化的风险

研究显示，久坐的生活方式、慢性炎症和白细胞增多会增加动脉粥样硬化的风险。运动可以通过调节造血干细胞和祖细胞，减少动脉粥样硬化的风险。

体重 睡眠 饮食 锻炼 心率 血压

运动日记

7月

15

运动可以抗动脉粥样硬化

运动可以改善血管内皮功能，提高体内高密度脂蛋白水平，增加体内一氧化氮的产生。高密度脂蛋白和一氧化氮具有抗动脉粥样硬化的作用。

体重 睡眠 饮食 锻炼 心率 血压

运动日记

7月

16

吃豆腐可以降低患冠心病的风险

每周食用1次以上豆腐的人群患冠心病的风险低于每月食用不足1次的人群。但是喝豆浆没有这样的作用哟。

体重 睡眠 饮食 锻炼 心率 血压

运动日记

7月

17

患有先天性心脏病就不能运动吗

先天性心脏病患者因为多种原因常会存在过度的自我保护，不敢运动。正确的处理是临床评估后，在医生或物理治疗师的指导下合理运动，积极参加体育运动。

体重 睡眠 饮食 锻炼 心率 血压

运动日记

7月

18

得了心血管疾病就不能运动？错

研究发现，与健康人相比，有心血管疾病的患者从积极的体育运动中获益更多。运动多的人睡眠更好，心态更好，身体机能也更好。值得一提的是，体育运动是获得长寿、健康和快乐最经济的方法，而且几乎没有副作用。

运动日记

7月

19

心脏病患者可以进行抗阻运动吗

答案是肯定的。研究表明，抗阻运动和连续有氧运动结合能够有效优化功能性结构、改善肌肉功能和生活质量。

体重 睡眠 饮食 锻炼 心率 血压

运动日记

7月

20

与健康人相比，心血管疾病患者从运动中获益更多

研究发现，增加体育运动能降低死亡风险，死亡风险降低最明显的是心血管疾病患者；如果他们加大运动量，则风险还会进一步降低。

体重 睡眠 饮食 锻炼 心率 血压

运动日记

7月

21

改善肥胖人群心血管健康的有效运动方案

研究指出，心率储备的50%~60%的有氧运动和最多可重复15次的大肌肉群力量训练，或两者结合，每周3次，可能更适合诱导肥胖人群足够的心肺适应性。

运动日记

7月

22

抗阻运动能减少心血管危险因素

抗阻运动除了有抗炎作用，还能减少心血管危险因素，而且可能比有氧运动降低减少的程度更大。

体重 睡眠 饮食 锻炼 心率 血压

运动日记

7月

23

传统的持续运动VS有氧间歇运动

有研究表明，患有心脏病的女性对传统的持续运动的依从性比较差，对一些特定的有氧间歇运动，如跳广场舞、踢毽子等，依从性较好，而且运动效果好。

体重 睡眠 饮食 锻炼 心率 血压

运动日记

7月

24

降胆固醇，应该注重运动持续时间

运动持续时间是比运动强度和运动频率对胆固醇更重要的影响因素。当每次运动时间为23~74分钟时，每延长10分钟，高密度脂蛋白胆固醇（有益胆固醇）水平增加1.4毫克/分升（0.08毫摩/升）。

体重 睡眠 饮食 锻炼 心率 血压

运动日记

7月

25

心脏病患者进行高强度间歇运动间隔多长时间更好

研究表明，间隔时间较短的高强度间歇运动适合在心脏康复的开始和改善阶段进行，而间隔时间较长的高强度间歇运动更加适合在维持训练效果阶段进行。

体重 睡眠 饮食 锻炼 心率 血压

运动日记

7月

26

心脏病后出现抑郁怎么办

一项研究显示，心脏病患者通常会有抑郁的发生，进而导致运动能力下降，因此需要鼓励患者进行运动来改善心脏功能和减轻抑郁。

体重 睡眠 饮食 锻炼 心率 血压

运动日记

7月

27

海拔高度对心脏病患者运动有影响吗

患者和健康人在海拔 4200 米处的运动能力和最大心率有相似的下降，这表明心脏病患者可以忍受高海拔地区的生活和运动。

体重 睡眠 饮食 锻炼 心率 血压

运动日记

7月

28

运动对心脏病患者的呼吸有什么影响

有实验表明，运动训练可以改善心脏病患者通气模式异常时的呼吸急促，提高运动过程中呼吸的快速性和深度。

体重 睡眠 饮食 锻炼 心率 血压

运动日记

7月

29

心脏病患者出院后怎样进行康复锻炼

研究表明，在没有医疗限制的情况下，居家运动有良好的依从性和锻炼效果。

体重 睡眠 饮食 锻炼 心率 血压

运动日记

7月

30

冠心病患者能不能参加高强度运动

一项对 93 名冠心病患者在指导下进行高强度运动 12 个月后的随访研究确认了高强度间歇运动在冠心病患者心脏康复治疗中的有效性及安全性。

体重 睡眠 饮食 锻炼 心率 血压

运动日记

7月

31

冠心病患者每周宜运动2～3次

一项研究纳入1946例冠心病患者，其中不经常运动者占11%，不规律运动者占36%，每周规律运动2～3次者占37%，每周规律运动至少4次者占16%。该研究显示，每周规律运动2～3次的患者更健康。

体重 睡眠 饮食 锻炼 心率 血压

运动日记

8月

1

太极拳与冠心病

一项荟萃分析证明，对于冠心病患者，打太极拳在提高有氧耐力和心理健康方面有显著作用，而且是一种成本效益高、安全的运动选择。

体重 睡眠 饮食 锻炼 心率 血压

运动日记

8月

2

冠心病患者如何运动

很少运动的冠心病患者，心源性猝死风险增加2.64倍，运动过多的患者风险也会增加。建议冠心病患者每周规律运动2~3次，每次0.5~1小时，选择低中强度的有氧运动。

运动日记

8月

3

房颤患者体力活动标准

与不运动的患者相比，体力活动达标的房颤患者心血管意外风险降低 46%。建议房颤患者每周进行≥ 150 分钟中等强度或者≥ 75 分钟高强度的体力活动。

体重 睡眠 饮食 锻炼 心率 血压

运动日记

8月

4

当2型糖尿病遇上心脏病

2型糖尿病患者常出现亚临床心血管异常，包括心脏结构和功能的病理改变。研究发现，通过锻炼和健康饮食可以降低糖尿病患者的心力衰竭甚至逆转心功能损害。

体重 睡眠 饮食 锻炼 心率 血压

运动日记

8月

5

糖尿病性心脏病患者更需要运动

近日，一篇关于早期运动干预对改善糖尿病性心脏病发病和进展的研究表明，早期运动可以调节失调的微RNA（microRNA），进而延缓糖尿病性心脏病发病和进展。

体重 睡眠 饮食 锻炼 心率 血压

运动日记

8月

6

运动能保护糖尿病患者的心脏

2型糖尿病患者常出现心功能损害，心力衰竭是常见并发症。规律的有氧运动能改善糖尿病患者的心脏舒张功能，缓解甚至逆转心功能损害。

体重 睡眠 饮食 锻炼 心率 血压

运动日记

8月

7

心脏移植术后 1 年内开展高强度间歇运动可改善预后

对于刚进行过心脏移植手术的患者，高强度间歇运动是一种安全有效的运动方式。相比中等强度的持续训练，高强度间歇运动对运动能力的提高更显著。

体重 睡眠 饮食 锻炼 心率 血压

运动日记

8月

8

心脏手术后早期开始有氧运动对康复甚好

心脏手术后早期开始有氧运动能显著改善手术后心脏功能和有氧能力。

体重 睡眠 饮食 锻炼 心率 血压

运动日记

8月

9

如何更好地改善心力衰竭患者的通气功能和生活质量

研究表明，相比于单纯的连续有氧运动（如慢跑），同时增加吸气肌训练（如缩唇呼吸）对通气功能和生活质量改善更有益处。

运动日记

8月

10

有氧运动让心力衰竭患者获益

一项研究发现，在慢性收缩期心力衰竭患者中，有氧运动可以显著改善体力活动的持续时间。

体重 睡眠 饮食 锻炼 心率 血压

运动日记

8月

11

坐一坐，血糖高

研究表明，每天看电视的时间每增加2小时，肥胖风险增加23%，患糖尿病的风险增加14%；每天坐着工作的时间每增加2小时，肥胖风险增加5%，患糖尿病的风险增加7%。

体重 睡眠 饮食 锻炼 心率 血压

运动日记

8月

12

动一动，血糖好

即使是轻度或中度运动，也能显著降低患糖尿病的风险。每天在家里站立或走动 2 小时能降低 9% 的肥胖风险和 12% 的患糖尿病的风险；每天快走 1 小时，肥胖风险降低 24%，患糖尿病的风险降低 34%。

运动日记

8月

13

吃新鲜水果能降低患糖尿病的风险

食用新鲜水果与糖尿病风险降低显著相关。在健康人群中，每天吃新鲜水果的人相比不吃或很少吃的人，患糖尿病的风险低 12%。

运动日记

8月

14

饮食和运动：预防糖尿病的两驾马车

对糖耐量受损的人进行饮食和运动的联合干预可以推迟2型糖尿病的发生，降低心血管意外、微血管并发症的发生率以及心血管疾病和全因死亡率，并延长预期寿命。

体重 睡眠 饮食 锻炼 心率 血压

运动日记

8月

15

糖耐量受损是可控的

对糖耐量受损患者进行积极的饮食和运动干预超过6年，可以有效预防或延迟糖尿病发病长达14年。

体重 睡眠 饮食 锻炼 心率 血压

运动日记

8月

16

糖耐量受损人群如何规划运动和饮食

在糖耐量受损的人群中，每周 150~175 分钟的体力活动和以减重 5%~27% 为目标的饮食能量限制，能使患 2 型糖尿病的风险降低 40%~70%。

运动日记

8月

17

从“少”看“老”

青春期看电视习惯和休闲体力活动水平都能独立预测中年期患代谢综合征的风险。青春期看电视频率高和/或休闲体力活动少，中年患代谢综合征的风险高。

体重 睡眠 饮食 锻炼 心率 血压

运动日记

8月

18

动起来，就有效

无论什么类型的运动，都对降低患糖尿病的风险有效。每周5~7小时闲暇时间的运动，无论是剧烈运动还是低强度运动，均能有效降低2型糖尿病的发生风险。

体重 睡眠 饮食 锻炼 心率 血压

运动日记

8月

19

糖尿病患者如何选择运动类型

为获得最佳的血糖和健康结果，成年2型糖尿病患者最好同时进行有氧运动和抗阻运动，每周2～3次包含所有大肌群的中等强度抗阻运动，避免连续2天对同一肌群进行训练。

体重 睡眠 饮食 锻炼 心率 血压

运动日记

8月

20

糖尿病患者需要每天运动吗

建议成年 2 型糖尿病患者每天锻炼，或者至少 2 次锻炼之间的时间间隔不超过 2 天；每周至少进行 150 分钟中等强度的有氧运动。

体重 睡眠 饮食 锻炼 心率 血压

运动日记

8月

21

早上运动对代谢的影响最强

早上运动能加大运动带来的好处，增强糖酵解、脂质和氨基酸的代谢，且糖酵解仅在早上运动中被激活。对于身患糖尿病等代谢紊乱疾病的人而言，早上运动是一种有价值的治疗方法。

体重 睡眠 饮食 锻炼 心率 血压

运动日记

8月

22

没时间？试试高强度间歇训练

对于具备一定体能基础的年轻2型糖尿病患者，高强度间歇训练更省时、高效。在血糖控制方面，比耐力训练少45%训练量的高强度间歇训练和耐力训练的效果相似，甚至优于耐力训练。

运动日记

8月

23

实在没空站起来，那就动动上肢吧

有研究表明，用坐位时的上半身活动来中断久坐时间也可以调节血糖代谢，降低餐后血糖。

体重 睡眠 饮食 锻炼 心率 血压

运动日记

8月

24

遛狗的好处之降血糖

间歇性餐后步行对老年人效果好，每次进餐30分钟后的15分钟步行是控制老年人餐后血糖的有效方法。家中有狗的老年人或许可以试试每餐后遛狗15分钟哟。

体重 睡眠 饮食 锻炼 心率 血压

运动日记

8月

25

广场舞意想不到的好处

广场舞等社会活动能产生积极的社会强化行为，增强糖尿病患者控制血糖的信心。

体重 睡眠 饮食 锻炼 心率 血压

运动日记

8月

26

运动降糖效果不佳？看看您的肠道菌群

运动降低血糖效果不佳者，其肠道菌群通常会合成大量不利于糖代谢的产物，从而降低运动效果。如果运动效果不佳，不妨试试通过调节肠道菌群来改善。

体重 睡眠 饮食 锻炼 心率 血压

运动日记

8月

27

妊娠期糖尿病：2 型糖尿病的风险因素

有妊娠期糖尿病病史的女性是患 2 型糖尿病的高危人群，其患病率为妊娠期血糖正常女性的近 10 倍。

体重 睡眠 饮食 锻炼 心率 血压

运动日记

8月

28

降低妊娠期糖尿病风险的四个因素

不吸烟、每周进行150分钟中等强度至高强度的体育运动、健康饮食以及孕前体重指数＜25是降低妊娠期糖尿病风险的四大因素。

运动日记

8月

29

自行车运动能降低妊娠期糖尿病风险

超重或肥胖孕妇在怀孕早期开始自行车运动，每周进行至少3次，每次30分钟，可显著降低妊娠期糖尿病的发生率，且能减少孕期体重的增加。该项运动不会增加早产的风险或降低平均出生胎龄。

体重 睡眠 饮食 锻炼 心率 血压

运动日记

8月

30

青少年1型糖尿病患者运动需预防低血糖

在青少年1型糖尿病患者中，长期适度有氧运动可使血糖持续下降。当运动前血糖浓度＜120毫克/分升（6.67毫摩/升）时，患者易发生低血糖。

体重 睡眠 饮食 锻炼 心率 血压

运动日记

8月

31

1 型糖尿病患者运动前应适当吃点糖

对于 1 型糖尿病患者，在运动前摄入 20 克果糖能降低运动诱导低血糖的风险，是一种简单可行、有效且耐受性良好的方法。

体重 睡眠 饮食 锻炼 心率 血压

运动日记

9

9月

1

先抗阻运动 后有氧运动

对于1型糖尿病患者，先进行抗阻运动再进行有氧运动可以增加运动过程中的血糖稳定性，减少运动后低血糖的持续时间和严重程度。

体重 睡眠 饮食 锻炼 心率 血压

运动日记

9月

2

超重儿童动一动

在超重或肥胖儿童中，通过每30分钟进行3分钟中等强度的步行来中断久坐，可以改善葡萄糖代谢，而且不会明显增加能量摄入，是降低此类儿童代谢风险的一种有前途的干预方法。

体重 睡眠 饮食 锻炼 心率 血压

运动日记

9月

3

抗阻运动能有效改善脂代谢

糖尿病前期与餐后高甘油三酯血症有关，抗阻运动可以通过改善糖尿病前期肥胖患者餐后脂代谢，显著降低餐后甘油三酯水平，从而降低患心血管疾病和2型糖尿病的风险。

体重 睡眠 饮食 锻炼 心率 血压

运动日记

9月

4

运动可降低糖尿病患者的骨折风险

2型糖尿病与骨折风险升高相关，且减肥干预会导致骨量流失。2 型糖尿病患者可以结合负重有氧运动（如下坡跑、跳跃等）和抗阻运动，以减少骨质流失、降低骨折风险。

体重 睡眠 饮食 锻炼 心率 血压

运动日记

9月

5

运动具有抗炎益处

运动具有抗炎作用，而2型糖尿病的特点为慢性轻度炎症。有研究发现，一个疗程的少量高强度间歇训练具有免疫调节作用，可为2型糖尿病或2型糖尿病高风险人群提供抗炎益处。

体重 睡眠 饮食 锻炼 心率 血压

运动日记

9月

6

太极拳适合老年糖尿病患者

规律的太极拳运动可以改善2型糖尿病患者的免疫功能，改善平衡、柔韧性和心理状况，提高心血管功能、呼吸功能和肌肉力量，是适合老年糖尿病患者的运动。

体重 睡眠 饮食 锻炼 心率 血压

运动日记

9月

7

老年糖尿病患者别忘了柔韧性和平衡训练

老年糖尿病患者建议每周进行 2~3 次的柔韧性训练和平衡训练。根据个人喜好，可以选择瑜伽和太极拳，以增加灵活性、肌肉力量和平衡功能。

体重 睡眠 饮食 锻炼 心率 血压

运动日记

9月

8

打太极拳有益血压

打太极拳至少可以使收缩压和舒张压分别降低10毫米汞柱和4毫米汞柱，从而降低40%的心血管疾病风险。在临床治疗高血压时，推荐选用太极拳这一锻炼方式。

体重 睡眠 饮食 锻炼 心率 血压

运动日记

9月

9

中国传统运动改善原发性高血压患者生活质量

每周5~8次，每次30~50分钟的二十四式太极拳、易筋经或五禽戏练习可以明显改善原发性高血压患者的生活质量。

体重 睡眠 饮食 锻炼 心率 血压

运动日记

9月

10

运动也有降血压效果

对于高血压患者来说，锻炼身体和服用药物对降血压一样有效。对于收缩压超过 140 毫米汞柱的人群而言，接受运动治疗后，血压能够有效降低。

体重 睡眠 饮食 锻炼 心率 血压

运动日记

9月

11

控制血压，运动和药物缺一不可

仅靠药物治疗控制和维持血压在正常水平是比较难的。高血压患者进行 8~24 周，每周 3~5 次的有氧运动，并结合药物治疗可以显著降低 24 小时动态血压。

体重 睡眠 饮食 锻炼 心率 血压

运动日记

9月

12

规律运动可以减小血压波动

收缩压的波动增加会使心血管意外、冠心病以及脑卒中的风险增加。坚持一定强度规律运动的人群，在日常运动负荷下，血压波动小，可以降低上述风险。

体重 睡眠 饮食 锻炼 心率 血压

运动日记

9月

13

有氧运动可降低高血压患者的动脉血压

研究发现，白天运动可显著降低 24 小时动脉血压，且只有有氧运动才能带来显著益处。由此可见，有氧运动是降低服药高血压患者动脉血压的有效辅助治疗手段。

体重 睡眠 饮食 锻炼 心率 血压

运动日记

9月

14

中年多运动，老年更健康

研究表明，中年时进行更多“中等到高强度”运动可对脑部起“保护”作用，可以预防晚年的脑血管疾病。换句话说，人在中年时期的体力活动水平越高，老年时期的大脑损伤就越少，大脑也就越健康。

体重 睡眠 饮食 锻炼 心率 血压

运动日记

9月

15

八段锦可调节脑血流动力学

与对照组相比，12 周的八段锦练习可显著降低社区老年人的血压、血浆总胆固醇水平、腰围以及腰臀比；同时可改善老年人情绪、生活质量和睡眠质量。

体重 睡眠 饮食 锻炼 心率 血压

运动日记

9月

16

“有钱难买老来瘦”的观点正确吗

不完全正确！与青年时期相比，老年时体重增加≤5公斤的脑卒中风险最低；体重增加5~9.9公斤，风险增加39%；体重增加≥10公斤和体重减轻，风险增加46%！

体重 睡眠 饮食 锻炼 心率 血压

运动日记

9月

17

步行速度与脑卒中风险相关

中老年人中，每小时步行 5.6 公里的人群比每小时步行 1.6 公里的人群发生脑卒中的风险低 44%。步行速度与脑卒中的风险呈线性关系，步行速度越快，风险越低。

运动日记

9月

18

常问医，测血压，吃睡运动防卒中

经常与医生交流，定期测量血压，保持健康的生活习惯，包括健康的饮食、充足的睡眠、规律的运动、不吸烟，可降低脑卒中的风险。

体重 睡眠 饮食 锻炼 心率 血压

运动日记

9月

19

运动，脑卒中复发的“拦路虎”

脑卒中具有较高的复发风险。运动可以有效降低脑卒中患者的血压和胆固醇，从而降低脑卒中复发的风险。

体重 睡眠 饮食 锻炼 心率 血压

运动日记

9月

20

抓握训练
改善手臂功能

一项随机对照试验显示，脑卒中患者在家庭中进行抓握训练有助于改善手臂的功能，但两组之间手臂疼痛的发生率无显著差异。

体重 睡眠 饮食 锻炼 心率 血压

运动日记

9月

21

脑卒中人群的锻炼有讲究吗

同其他心脑血管疾病一样，脑卒中人群的最佳锻炼时间为下午四五点，其次为晚饭后2~3小时。避免在上午6:00~11:00进行运动，这个时间段是心脑血管病发作的高峰期。

运动日记

9月

22

八段锦可改善运动能力和肺功能

20个随机对照试验的荟萃分析结果表明，八段锦可有效改善慢性阻塞性肺疾病患者的六分钟步行测试结果和肺功能参数，八段锦对比常规护理，可有效改善患者的生活质量。

体重 睡眠 饮食 锻炼 心率 血压

运动日记

9月

23

六字诀比常规呼吸训练更有效

六字诀是我国古代流传下来的一种养生方法。研究表明，每周5次，连续3周的六字诀练习结合常规康复锻炼，比常规呼吸训练结合康复锻炼更能改善卒中早期处于恢复期患者的躯干控制能力、呼吸肌功能以及日常生活能力。

运动日记

9月

24

六字诀改善慢性阻塞性肺疾病患者的肺功能

长期居家六字诀练习结合临床指导，可有效提高中重度慢性阻塞性肺疾病老年患者的肺功能、运动能力和生活质量。

体重 睡眠 饮食 锻炼 心率 血压

运动日记

9月

25

眩晕：运动比药物效果更好

每20个人中就有1个人经历过眩晕。眩晕治疗的研究表明，进行前庭功能运动训练比进行药物治疗证据更充分，治疗更经济，也更容易被接受。

体重 睡眠 饮食 锻炼 心率 血压

运动日记

9月

26

养肝护肝，运动永远为时不晚

3个月的适度有氧运动足以有效抑制肝脏疾病和癌症的发展。即使在相对较晚的疾病阶段介入运动，仍可有效减少肝、肺和胃的组织炎症、氧化损伤和细胞衰老，并逆转肝脏脂肪变性和防止肿瘤发展。

体重 睡眠 饮食 锻炼 心率 血压

运动日记

9月

27

运动让您远离脂肪肝

一项试验对19名久坐不动的肥胖者进行了为期4周的有氧运动干预。结果发现，4周内，在没有任何饮食控制的情况下，单独的有氧运动能够减少12%的内脏脂肪组织、21%的肝脏脂肪组织。

体重 睡眠 饮食 锻炼 心率 血压

运动日记

9月

28

运动预防非酒精性脂肪肝

一项研究表明，连续4周中高强度的运动，如快走或慢跑等，可减少诱发非酒精性脂肪肝的危险因素。

体重 ________ 睡眠 ________ 饮食 ________ 锻炼 ________ 心率 ________ 血压 ________

运动日记

9月

29

运动搭配喝绿茶能有效缓解脂肪肝

绿茶提取物和运动的结合使高脂饮食小鼠的脂肪肝严重程度降低了75%。喝绿茶和运动相结合的确对脂肪肝的治疗有一定的效果。如果您有肥胖的问题，不妨先从喝绿茶开始。

体重 睡眠 饮食 锻炼 心率 血压

运动日记

9月

30

运动可以促进肠道菌群的多样化

精英运动员的肠道菌群种类与普通人相比可多出近1倍。肠道菌群多样性的缺失与许多疾病有关，如自闭症、胃肠道疾病和肥胖等。坚持运动的同时摄入足够的蛋白质和蔬果可以更好地促进肠道菌群多样化，提高免疫力。

体重 睡眠 饮食 锻炼 心率 血压

运动日记

10

10月

1

运动与肠道菌群

运动可以显著调节人体肠道菌群的组成和代谢能力，在减轻胃肠道炎症反应的同时，提高肠道吸收能力，促进骨骼肌等组织的生长。

运动日记

10月

2

运动激发肠道益生菌的潜力

肠道菌群是人体发育和免疫系统调节，保护人体免受感染以及维持肠内稳态不可或缺的组成部分。运动后，益生菌调节免疫功能的能力提高。

体重 睡眠 饮食 锻炼 心率 血压

运动日记

10月

3

运动让您远离克罗恩病

克罗恩病是一种炎症性肠病，会反复发作，常表现为营养不良、关节炎、骨质疏松等。一项实验观察到，与不活动的女性相比，每周匀速步行超过9小时的女性患克罗恩病的风险会降低44%。

体重 睡眠 饮食 锻炼 心率 血压

运动日记

10月

4

运动与炎症性肠病

中度活动期炎症性肠病患者定期进行不诱发症状的体育运动，可提高自身的生活质量及社会幸福感。

体重 睡眠 饮食 锻炼 心率 血压

运动日记

10月

5

运动与肠易激综合征

持续有氧运动可以增加肠道菌群的多样性，稳定胃肠道屏障功能，减轻肠易激综合征的症状。

体重 睡眠 饮食 锻炼 心率 血压

运动日记

10月

6

动起来，更“畅快”

每周4次中等强度的有氧运动，如打太极拳或做简单的广播体操，可以有效改善便秘。

体重 睡眠 饮食 锻炼 心率 血压

运动日记

10月

7

胃食管反流不用怕

胃食管反流常表现为打嗝、烧心、胸痛等，且常见于剧烈运动。然而通过中等强度运动，加强食管下括约肌的锻炼，反而可降低胃食管反流的风险。

体重 睡眠 饮食 锻炼 心率 血压

运动日记

10月

8

想要肠胃不受伤，奔跑起来吧

肠上皮屏障的任何损伤都可能增加肠道通透性，并引起炎症反应。多项证据表明，8周的跑步运动可以有效改善肠上皮屏障功能。快换上跑鞋，让您的肠胃也运动起来吧。

体重 睡眠 饮食 锻炼 心率 血压

运动日记

10月

9

炎症性肠病导致肌肉减少怎么办

肌肉的减少在炎症性肠病患者中很常见。每周进行2~3次，每次45~60分钟的抗阻运动，可以增加肌肉质量、肌肉力量和肌肉纤维，并改善肌肉蛋白的合成。

体重 睡眠 饮食 锻炼 心率 血压

运动日记

10月

10

橄榄球运动员肠道菌群的变化

一项研究调查了橄榄球运动员的运动效果，结果显示，高度活跃的橄榄球运动员肠道菌群的组成和多样性发生了改变，他们的炎症标志物水平较低，代谢水平较好。

体重 睡眠 饮食 锻炼 心率 血压

运动日记

10月

11

长期跑步者抵抗胃肠道干扰能力更强

相关研究发现，长期跑步者在高温运动过程中对肠道保护起有益作用的蛋白质增多，证明训练有素的长期耐力跑步者能够耐受急性的肠道干扰。

体重 睡眠 饮食 锻炼 心率 血压

运动日记

10月

12

运动有助于改善多发性硬化症

多发性硬化症的特点是炎症性脱髓鞘反复发作和随之而来的轴突变性。目前研究发现，运动具有抗炎作用，可以调节先天免疫系统，调控多发性硬化症症状的发生和发展。

运动日记

10月

13

运动有助于预防系统性红斑狼疮

研究发现，系统性红斑狼疮患者在进行短时间内的高强度有氧运动后，其白细胞立即表现出下调的炎症基因表达，随后在恢复时上调。

体重 睡眠 饮食 锻炼 心率 血压

运动日记

10月

14

运动可以治疗女性痛经吗

一项综述分析显示，与不运动相比，运动可能对降低月经疼痛强度有很大影响。每周 3 次或更多，每次 45~60 分钟的运动，可以显著降低月经疼痛强度。

体重 睡眠 饮食 锻炼 心率 血压

运动日记

10月

15

力量训练可以缓解头痛

一项包含了573例随机对照试验的综述分析显示，1小时的专项力量训练会使头痛频率和强度降低约50%。

体重 睡眠 饮食 锻炼 心率 血压

运动日记

10月

16

骨质疏松

我国逐渐进入老龄化社会，我国首次骨质疏松流行病学调查显示，高发病率、高患病率的骨质疏松（女性51.6%，男性10.7%）是65岁以上老年人的健康隐患。专家建议大家均衡饮食、适度运动，养成健康的生活习惯，一旦发现骨质疏松，应及时进行有效治疗，远离骨折威胁。

体重 睡眠 饮食 锻炼 心率 血压

运动日记

10月

17

如何预防骨质疏松

每周至少进行两次中高强度的力量训练，4~7 次中等强度的冲击性活动（跳跃为主）和平衡训练（为了预防跌倒）；日常生活中要有多样化的运动，使骨骼适应多种受力场景，以得到全面的锻炼；保证充足的钙和维生素 D 的摄入。

运动日记

10月

18

快走，对女性绝经后骨质疏松说不

研究表明，中高强度的步行，即每小时超过 6.14 公里的步行速度，足以提高绝经后女性的腿部肌肉质量，保持骨密度，可以有效降低骨质疏松带来的骨折风险。

体重 睡眠 饮食 锻炼 心率 血压

运动日记

10月

19

提升骨量，适当负荷很重要

负荷是影响骨量的一个重要因素。一项有趣的实验表明，与非运动员和低负重的运动员相比，从事高负重运动（如举重）的运动员，骨骼具有更高的骨量。

体重 睡眠 饮食 锻炼 心率 血压

运动日记

10月

20

长期五禽戏练习改善骨密度

每周5次，每次30~60分钟，至少6个月的五禽戏练习有助于改善原发性骨质疏松人群的腰椎骨密度，显著改善疼痛症状。

体重 睡眠 饮食 锻炼 心率 血压

运动日记

10月

21

体重 睡眠 饮食 锻炼 心率 血压

普拉提也能增加骨密度

一项研究表明，每周进行3次普拉提锻炼，持续6个月，可以使下肢骨骼和腰椎的骨密度显著增加，具有很大的成骨作用。

运动日记

10月

22

打太极拳可强化骨质

一项研究表明，每周打5次太极拳，每次30或60分钟，持续48周，可改善老年女性腰椎和股骨颈的骨密度。

体重 睡眠 饮食 锻炼 心率 血压

运动日记

10月

23

喝酒后进行耐力运动更易出现骨骼损伤

长期饮酒会抑制骨骼形成，而且运动不能减轻酒精带来的任何负面影响。因此，长期饮酒或喝酒后进行耐力运动可能有更高的运动相关骨骼损伤的风险。

体重 睡眠 饮食 锻炼 心率 血压

运动日记

10月

24

不吃肉，易骨折

流行病学研究发现，非肉食者，尤其是纯素食者的骨矿物质密度比肉食者低，因此发生骨折的风险更高。这可能是由于钙和蛋白质的摄入与骨骼健康有关，而素食者钙和蛋白质的摄入量均较低。

体重 睡眠 饮食 锻炼 心率 血压

运动日记

10月

25

运动教育 VS 手法治疗 干预非特异性颈痛

一项随机对照试验显示，对比手法治疗，对非特异性颈痛患者进行疼痛的运动教育干预后其疼痛显著减轻，6个月后功能障碍程度降低。

体重 睡眠 饮食 锻炼 心率 血压

运动日记

10月

26

短期抗阻运动有效吗

短期抗阻运动能减轻中年女性肌筋膜疼痛综合征引起的肩痛，改善其肩关节活动度，增加其肩关节周围肌肉的质量，但长期运动效果还需进一步研究。

体重 睡眠 饮食 锻炼 心率 血压

运动日记

10月

27

肩峰撞击综合征：手术 VS 物理治疗

一项综述分析显示，与单纯物理治疗相比，手术结合物理治疗对改善肩峰撞击综合征患者疼痛和关节功能的作用很小，两者在治疗效果上并无差异。

体重 睡眠 饮食 锻炼 心率 血压

运动日记

10月

28

哪些人容易得网球肘

网球肘多见于需要经常活动手臂的人群，包括家庭主妇、厨师、机床厂的工人、钉鞋的鞋匠，以及打网球、羽毛球的运动人群等。

体重 睡眠 饮食 锻炼 心率 血压

运动日记

10月

29

为什么不打网球也会得网球肘

网球肘因网球运动员易患此病而得名，但其并不是网球运动员特有的疾病。网球肘是起于肘外侧、负责伸肘和（或）伸腕的肌肉反复收缩牵拉的疲劳性损伤，像家庭主妇、长时间操作电脑的人等也需要这一部分肌肉反复活动，因而也容易得网球肘。

体重 睡眠 饮食 锻炼 心率 血压

运动日记

10月

30

得了网球肘怎么办

网球肘早期进行保守治疗效果比较好。早期网球肘要适当休息，同时加强腕关节伸肌的力量训练。如果过于疼痛可以在专业人员的指导下进行冷敷或使用止痛剂。

体重 睡眠 饮食 锻炼 心率 血压

运动日记

10月

31

闭眼单脚站立时间越长，平衡能力越好

长期坚持闭眼单脚站立可以调节身体平衡，增强踝关节力量，有效避免习惯性崴脚。中老年人先扶着椅子或墙练习，随着腿部力量增大，逐渐增加站立时间。

体重 睡眠 饮食 锻炼 心率 血压

运动日记

11月

1

广场舞，跳起来

每周1次以上以舞蹈为基础的运动，与跌倒风险降低37%、跌倒率降低31%相关，还与老年人的平衡性、移动能力、下肢力量的改善显著相关。而广场舞和太极拳就是上述运动的代表形式。

体重 睡眠 饮食 锻炼 心率 血压

运动日记

11月

2

太极拳可以降低跌倒风险

在高跌倒风险人群和老年人群中，太极拳练习可以在1年内分别降低大约43%的跌倒率和50%的与跌倒相关的损伤。

体重 睡眠 饮食 锻炼 心率 血压

运动日记

11月

3

太极拳改善帕金森病患者的姿势控制

2012年发表的一项研究表明，对比拉伸和抗阻运动，每周2次，每次60分钟，共24周的太极拳练习能有效增加患者的最大偏移距离和改善方向控制，能减少轻度至中度帕金森病患者的平衡障碍。

体重 睡眠 饮食 锻炼 心率 血压

运动日记

11月

4

气功与帕金森病

研究表明，气功可降低帕金森病患者血清肿瘤坏死因子 $-\alpha$ 水平，并可改善患者睡眠质量。

体重 睡眠 饮食 锻炼 心率 血压

运动日记

11月

5

太极拳有益于慢性疼痛患者

研究表明，打太极拳能促进肢体血液循环，提高关节本体感觉，增强下肢肌力和稳定性等，被推荐用于管理慢性腰痛、头痛、关节炎、纤维肌痛等慢性疼痛，效果优于常规护理。

体重 睡眠 饮食 锻炼 心率 血压

运动日记

11月

6

心理干预可以减少止痛药的使用

一项前瞻性随机对照试验发现，心理干预结合运动可以减少止痛药的使用和依赖，因此，要重视心理干预在康复治疗过程中的作用。

体重 睡眠 饮食 锻炼 心率 血压

运动日记

11月

7

适度运动并不会导致骨关节炎的发生

骨关节炎主要与人体的衰老退变有关。据统计，45岁以下人群骨关节炎患病率仅为2%，而65岁以上人群患病率高达68%。有研究结果显示，休闲跑步者的骨关节炎发生率仅为3.5%，而久坐人群的骨关节炎发生率却为10.2%。可见，适量运动不会伤膝，当然也不会是骨关节炎患者的禁忌。

运动日记

11月

8

关节炎患者跑步要适当

骨关节炎患者除疼痛严重者，其他患者是可以跑步的，只是要注意方法。在跑步方式上，要选择慢跑，而且要尽量沿着直线跑，或选择半径大的弧形路线跑，不可选择小半径弧形路线跑，否则会导致不断转弯，关节扭转，加剧关节疼痛。注意，在跑步前，一定要做热身运动。

体重 睡眠 饮食 锻炼 心率 血压

运动日记

11月

9

太极拳可有效改善膝关节骨关节炎的疼痛症状

一项研究表明，每周2次，每次60分钟，共12周的太极拳练习能有效减轻膝关节骨关节炎患者的疼痛，其产生的有益效果与临床标准物理疗法类似，具有长期效益。

体重 睡眠 饮食 锻炼 心率 血压

运动日记

11月

10

八段锦可减轻纤维肌痛患者疼痛相关症状

纤维肌痛患者每周2次，每次1小时，共12周的八段锦练习后，疼痛和疲劳程度、睡眠质量、抑郁评分、压痛等均有明显改善。八段锦可作为纤维肌痛的一种有价值的非药物治疗方法。

体重 睡眠 饮食 锻炼 心率 血压

运动日记

11月
11

八段锦可缓解慢性肌肉骨骼疼痛

全球有 20%~33% 的人患有疼痛性肌肉骨骼疾病。研究表明，基于正念的八段锦运动可减轻慢性疾病患者的肌肉骨骼疼痛，改善整体睡眠质量。

运动日记

11月

12

腰椎间盘突出怎样运动

腰椎间盘突出患者运动需谨慎。稳定期无神经症状（如下肢麻木）的患者可适度进行有氧运动及腰部周围肌群的肌力训练；运动要循序渐进，量力而行。急性期患者运动需严格遵从医嘱。

体重 睡眠 饮食 锻炼 心率 血压

运动日记

11月

13

疼痛教育能减少久坐行为

对腰椎融合术后患者进行疼痛教育可以减少其久坐行为，并且逐渐增强其自信心，使其积极参加体育运动，减少对运动的恐惧。

体重 睡眠 饮食 锻炼 心率 血压

运动日记

11月

14

瑜伽VS高强度间歇运动

一项对比了瑜伽和高强度间歇运动的报告发现，两者在疼痛改善方面无显著差异，但瑜伽组生活质量指标和健康指数较高强度间歇运动组有所改善。

运动日记

11月

15

运动疗法对腰痛的治疗效果

一项涉及785例患者的综述表明，运动疗法对慢性腰痛患者疼痛的减轻和功能的改善具有有益的作用。

体重 睡眠 饮食 锻炼 心率 血压

运动日记

11月

16

怎样缓解慢性腰痛

一项包含17例随机对照试验的综述分析显示，注意力训练对疼痛和功能障碍有显著的疗效。在有专业教练员指导的情况下，打太极拳对缓解慢性腰痛有很好的效果。

运动日记

11月

17

慢性非特异性腰痛的个体化运动治疗

短时间内的个体化运动就可以改善慢性非特异性腰痛的疼痛和残疾症状。如果个性化运动结合行为治疗，减轻疼痛的效果会增强。

运动日记

11月

18

高强度运动疗法与非特异性慢性腰痛

高强度运动疗法是治疗非特异性慢性腰痛的一种可行的康复方法，相对于低中强度运动而言，人们具有更高的依从性和康复动机。

体重 睡眠 饮食 锻炼 心率 血压

运动日记

11月

19

瑜伽对非特异性腰痛患者有用吗

一项综述发现，瑜伽对患有非特异性腰痛的中年人的短期和长期疼痛及背部残疾有益。

体重 睡眠 饮食 锻炼 心率 血压

运动日记

11月

20

康复治疗VS 手术治疗

相比于髋关节镜检查和手术治疗，物理治疗师主导的康复治疗更能改善年轻和中年髋关节相关疼痛患者的疼痛和功能。因此，我们要更加重视康复治疗。

体重 睡眠 饮食 锻炼 心率 血压

运动日记

11月

21

抗阻结合有氧运动减轻疼痛

运动疗法可以改善髋关节骨关节炎患者的身体功能，减轻疼痛。抗阻结合有氧运动对患者身体功能的各项指标均有所改善。

体重 睡眠 饮食 锻炼 心率 血压

运动日记

11月

22

髋关节力量训练可以减轻髌股关节疼痛

一项包含11例随机对照试验的综述分析显示，与无髋关节力量训练相比，髋关节力量训练对髌股关节疼痛患者具有更好的止痛效果。所以进行髋关节力量训练是很有必要的。

运动日记

11月

23

减轻疼痛的重要因素

一项包含20例随机对照试验的综述分析显示，可以控制的信念、患者对治疗的期望、患者的主动训练以及物理治疗师的水平都是减轻疼痛的重要因素。

运动日记

11月

24

您信任他吗

一项研究发现，老年髋关节骨折的患者对物理治疗师能力的信任程度会影响其康复治疗的进程，这提示物理治疗师要加强与患者的沟通交流，增强患者的信任感。

体重 睡眠 饮食 锻炼 心率 血压

运动日记

11月

25

不要随便热敷膝关节

一般情况下，只有在膝关节没有急性炎症的前提下才能热敷。如果炎症未消就热敷，早期可能会让您感到舒服，但后续可能会出现关节红、肿、热、痛等不良状况。

体重 睡眠 饮食 锻炼 心率 血压

运动日记

11月

26

肥胖者运动可保护膝关节

曾有报道称体重过重者运动易患关节炎，使部分肥胖人群对较为剧烈的运动持谨慎态度。而目前研究表明，长期中等强度运动并不会增加高危人群罹患膝关节炎的风险，反而可能有保护作用。

运动日记

11月

27

老年人为何经常感到膝关节僵硬

中年以后，随着年龄的增长，膝关节的肌腱、韧带开始发生退行性改变，关节腔的滑液分泌减少，关节骨面长期摩擦形成骨质磨损，关节周围组织由于炎症等原因易发生纤维粘连，因此老年人常会感到膝关节僵硬。

体重 睡眠 饮食 锻炼 心率 血压

运动日记

11月

28

膝关节疼痛戴护具有用吗

护具可减轻膝关节疼痛患者的运动恐惧，改善运动干预的依从性，从而可以提高治疗效果。

体重　睡眠　饮食　锻炼　心率　血压

运动日记

11月

29

膝关节不好可以运动吗

大量的权威研究都表示，膝关节不好的人群更加需要长期进行体育运动，这样可以起到缓解疼痛和保护膝关节的作用。反之，如果为了预防膝关节疼痛而避免活动，只会造成膝关节越来越僵硬，肌肉越来越无力，导致膝关节情况越来越糟糕，形成恶性循环。

运动日记

11月

30

膝关节骨关节炎患者居家建议

研究表明，浅层局部热敷和家庭锻炼计划可显著缓解膝关节骨关节炎患者的疼痛，提高膝关节功能水平。为了您的健康，运动起来吧！

体重

睡眠

饮食

锻炼

心率

血压

运动日记

12

12月

1

膝关节骨关节炎患者可以换双鞋试试

一双符合足生物力学的鞋可以改善膝关节骨关节炎患者的疼痛和身体功能，并可能减缓疾病的进展。

体重 睡眠 饮食 锻炼 心率 血压

运动日记

12月

2

还在坐着吗

据报道，久坐的生活方式可能导致相关组织功能障碍和肥胖的发生，从而加重膝关节炎。趁着休息的几分钟,起来走走吧!

体重 睡眠 饮食 锻炼 心率 血压

运动日记

12月

3

“懒惰”真的会传染

老年膝关节炎患者会出现久坐少动的情况。研究发现，这种行为会“传染”给配偶，增加配偶患关节炎的风险。牵起老伴的手，到户外欣赏无限美景吧！

体重 睡眠 饮食 锻炼 心率 血压

运动日记

12月

4

负荷太低 软骨也受不了

膝关节骨关节炎通常被认为是一种机械负荷过重的疾病，但是膝关节软骨需要一定限度的机械负荷才能保持健康。机械负荷刺激软骨细胞活性，促进结构大分子的合成和滑液的营养交换。进行低水平体力活动会造成膝关节负荷不足，对软骨细胞产生不利影响，导致软骨萎缩和变薄。

运动日记

12月

5

适度的体力活动是可以的

在骨关节炎患者或骨关节炎高危人群中，用适度的体力活动取代久坐行为可减轻身体疼痛。

体重 睡眠 饮食 锻炼 心率 血压

运动日记

12月

6

越运动，越幸福

研究表明，在控制年龄、收入水平、文化程度、婚姻状况、经济活动、保险类型等变量的情况下，维持有氧运动的骨关节炎患者的生活质量明显高于未进行有氧运动的患者。

体重 睡眠 饮食 锻炼 心率 血压

运动日记

12月

7

静态低角度蹲可减轻关节内炎症

炎症在骨关节炎的发病机制中起着重要作用。静态低角度下蹲可以减轻膝关节的关节内炎症，并可加强股内侧肌肌力。

体重　睡眠　饮食　锻炼　心率　血压

运动日记

12月

8

每天步行的强度对防止步速过慢有影响吗

膝关节炎患者及其高危人群可能会出现临界步速过慢的问题。研究表明，中高强度的步行运动（＞100 步 / 分）可减少这一问题的发生。

临界步速过慢：20 米步行过程中，每秒步行距离小于 1 米。

体重 睡眠 饮食 锻炼 心率 血压

运动日记

12月

9

没事多走“上坡路”

相关研究建议膝关节炎高危人群或目前正在治疗膝关节骨关节炎的人群可尝试中等坡度的上坡运动以延缓关节炎的进展以及缓解症状。同时，应避免长时间走下坡路。

体重 睡眠 饮食 锻炼 心率 血压

运动日记

12月

10

伸膝与屈膝抗阻运动哪个疗效好

两种抗阻运动方式均能有效增强腿部力量，伸膝和屈膝肌肉力量可以改善功能和疼痛症状。选择哪种运动取决于偏好、目的、对抗阻运动的忍受度以及可用的设备。

体重 睡眠 饮食 锻炼 心率 血压

运动日记

12月

11

高强度体力活动对超重和肥胖男女膝关节骨关节炎的不同影响

研究表明，在超重和肥胖的男性中，高强度活动会增加膝关节骨关节炎风险。相比之下，很少有证据表明体力活动量改变了超重和肥胖女性膝关节骨关节炎的风险。

运动日记

12月

12

中国传统运动能有效改善膝关节炎

一项研究发现，中国传统运动可以有效减轻膝关节炎患者的疼痛，解除僵硬，改善身体功能。但需要长期坚持运动效果才更为明显。

体重 睡眠 饮食 锻炼 心率 血压

运动日记

12月

13

八段锦

八段锦是治疗老年人膝关节骨关节炎的有效辅助疗法。规律的八段锦锻炼可以改善老年人膝关节骨关节炎的姿势控制。

体重 睡眠 饮食 锻炼 心率 血压

运动日记

12月

14

太极拳影响足底负荷

有研究表明，膝关节骨关节炎患者在太极拳干预6个月后，前足的足底负荷增大，太极拳可以防止步行过程中足底负荷的下降。

体重 睡眠 饮食 锻炼 心率 血压

运动日记

12月

15

膝关节骨关节炎患者练习五禽戏有助于症状改善

五禽戏和常规物理治疗训练对膝关节骨关节炎患者的活动受限、疼痛及恢复膝关节稳定性有显著疗效。五禽戏能更有效地促进平衡，减轻疼痛。

体重

睡眠

饮食

锻炼

心率

血压

运动日记

12月

16

五禽戏，练起来

最新研究表明，老年膝关节骨关节炎患者练习五禽戏的依从性更高，从而更能够改善膝关节骨关节炎症状。因此，五禽戏被认为是一种有效的家庭锻炼方式。

体重 睡眠 饮食 锻炼 心率 血压

运动日记

12月

17

水上自行车
尝试一下

水上运动是一种新型运动方式。据研究，水上自行车运动可改善轻中度膝关节骨关节炎患者的疼痛和身体功能。

体重 睡眠 饮食 锻炼 心率 血压

运动日记

12月

18

运动降低高脂饮食带来的危害

运动能降低高脂饮食诱导的骨关节炎发生率，重塑肠道微生物生态系统，增加软骨厚度，减轻软骨退变，从而有助于缓解慢性炎症和骨关节炎。适度运动是肥胖相关骨关节炎的一种潜在的预防和治疗方法。

运动日记

12月

19

高强度激光治疗联合运动疗法

一项包含93例膝关节炎患者随机对照试验的综述分析显示，高强度激光治疗联合运动疗法是一种有效的治疗方法，对膝关节炎患者有积极的影响。

体重 睡眠 饮食 锻炼 心率 血压

运动日记

12月

20

加压训练对膝关节骨关节炎有益处

加压训练可增加膝关节骨关节炎患者的股四头肌肌力，改善关节功能。重要的是，加压还能够缓解疼痛，同时产生较小的关节压力，成为膝关节骨关节炎治疗中一种可行和有效的辅助治疗手段。

体重 睡眠 饮食 锻炼 心率 血压

运动日记

12月

21

运动后来个水疗吧

体力活动是处理膝关节骨关节炎症状的关键因素之一。法国的一项研究证实，运动结合水疗可改善体力活动水平，控制影响膝关节骨关节炎发展的危险因素，从而提高治疗的耐受性和有效性。

体重 睡眠 饮食 锻炼 心率 血压

运动日记

12月

22

运动坚持不下来怎么办

长期锻炼是缓解膝关节炎的一种既定治疗方法，但运动的依从性却是很大的问题。自我效能是高依从性的重要影响因素，因此我们要增强自我肯定，提高运动的依从性。

运动日记

12月

23

运动让您睡得更香

研究显示，在康复治疗师的指导下进行运动和相关物理因子治疗可以改善膝关节骨关节炎患者的睡眠质量。

体重 睡眠 饮食 锻炼 心率 血压

运动日记

12月

24

太极拳可提升膝关节骨关节炎患者的睡眠质量

研究表明，膝关节骨关节炎患者练习太极拳可显著提升睡眠质量，从而进一步提升其生活质量。

体重 睡眠 饮食 锻炼 心率 血压

运动日记

12月

25

膝关节骨关节炎：物理治疗 VS 激素封闭治疗

物理治疗和关节内注射糖皮质激素（激素封闭治疗）已被证明对膝关节骨关节炎具有临床疗效。但与接受关节内糖皮质激素注射的患者相比，接受物理治疗的膝关节骨关节炎患者在1年后更少出现疼痛和功能障碍。

体重 睡眠 饮食 锻炼 心率 血压

运动日记

12月

26

全膝关节置换术恢复慢？别担心

膝关节骨关节炎与年龄有关，尤其是接受过全膝关节置换术的患者，有较高患骨质疏松症的风险。研究表明，在全膝关节置换术后进行12周的弹力带抗阻运动对老年膝关节骨关节炎患者的肌肉质量、活动能力等均有益处。

体重 睡眠 饮食 锻炼 心率 血压

运动日记

12月

27

高强度力量训练改善姿势控制

据研究，术前高强度力量训练能有效改善单侧全膝关节置换手术前后的姿势控制。建议术前不仅应进行平衡训练，也应进行力量训练，以加快术后姿势控制的恢复。

体重 睡眠 饮食 锻炼 心率 血压

运动日记

12月

28

听说运动与蛋白质更配哟

衰老和骨关节炎会影响肌肉质量，这可能导致身体残疾。研究表明，补充蛋白质结合运动锻炼能有效改善患有下肢骨关节炎老年人的肌肉质量、肌肉力量和功能状况，并可减轻疼痛，特别是接受了全关节置换的老年人。

体重 睡眠 饮食 锻炼 心率 血压

运动日记

12月

29

运动是软骨再生疗法的辅助手段

骨关节炎的主要特点是关节软骨的进行性退化，运动可通过相应机制促进软骨再生从而促进骨骼健康。

体重 睡眠 饮食 锻炼 心率 血压

运动日记

12月

30

非阻塞性半月板撕裂：物理治疗媲美手术治疗

对于非阻塞性半月板撕裂患者，物理治疗在改善膝关节功能方面不逊于关节镜下部分半月板切除术。基于此，可考虑物理治疗作为手术治疗的替代选择。

体重 睡眠 饮食 锻炼 心率 血压

运动日记

12月

31

运动改善中足骨关节炎患者肌无力

与无症状中足骨关节炎患者相比，有症状的患者表现出足部和腿部肌肉的无力。研究表明，加强足部和腿部肌肉力量可减轻中足骨关节炎患者的疼痛并改善其功能。

体重 睡眠 饮食 锻炼 心率 血压

运动日记